W0052700

Norbert Stresau

KEVIN COSTNER

Seine Filme – sein Leben

Originalausgabe

WILHELM HEYNE VERLAG
MÜNCHEN

HEYNE FILM- UND FERNSEHBIBLIOTHEK
Nr. 32/164

Herausgeber: Bernhard Matt

BILDNACHWEIS

Bildarchiv Engelmeier, München 17, 30
Deutsches Institut für Filmkunde e.V. 40, 88
Inter-Topics GmbH, Hamburg 35, 42
Lothar Just, Ebersberg 21, 27, 37, 47, 51, 56, 58, 63, 65, 66, 69, 70, 71,
73, 74, 75, 76, 78, 80, 81, 83, 85, 89, 90, 91, 93, 94, 95, 97, 99, 101, 103,
104, 149, 151
Archiv Dr. Karkosch, Gilching 7, 67, 100, 105, 107, 117, 119, 135, 137,
139, 157
Pandis media, München 9, 11, 13, 19, 23, 28, 43, 61
Archiv der Stiftung Deutsche Kinemathek, Berlin 39, 86
Alle anderen Abbildungen stammen vom Autor

2. Auflage

Copyright © 1992 by Wilhelm Heyne Verlag GmbH & Co. KG, München
Umschlagfoto: Bildarchiv Engelmeier, München
Rückseitenfoto: Inter Tropics/Snap-Photo, Hamburg
Innenbilder: siehe Bildnachweis
Printed in Germany 1992
Umschlaggestaltung: Atelier Ingrid Schütz, München
Herstellung: H + G Lidl, München
Satz: Satz & Repro Grieb, München
Druck und Verarbeitung: Ebner Ulm

ISBN 3-453-05239-0

Inhalt

Der Retro-Star
7

Kindheit und Jugend
13

Der Herrscher des Schneideraums
30

Vergeblicher Anlauf
43

Spiel um die Macht
61

Durchbruch zur amerikanischen Seele
78

Tanz mit den Wölfen
97

Ausverkauf im Sherwood Forest
110

Filmographie
121

Anmerkungen
163

Literaturhinweise
165

Register
166

Für Sarath

Der Retro-Star

»Heute sehe ich mich ständig gezwungen, meine Ansichten noch einmal zu überdenken. Damals, als ich noch keine Interviews geben mußte, hatte ich es nicht nötig, mich in einem fort selbst zu erklären. Schauen Sie: Ich bin nicht so clever oder charmant, wie Sie vielleicht meinen. Andererseits bin ich auch kein Riesenarsch, für den Sie mich möglicherweise halten. Ich stehe einfach irgendwo in der Mitte (…) Ich glaube nicht an die Theorie, daß ich mich vierundzwanzig Stunden am Tag wie eine Figur aus einem meiner Filme benehmen muß.«

KEVIN COSTNER

Der Bannerträger des neuen Amerika. »Dances with Wolves«

Am wütendsten reagierten die klassischen Verkaufsprofis. Als ihr der neue Heilige Hollywoods kurz nach seinem Triumph mit *Dances with Wolves* (Der mit dem Wolf tanzt) hinter der Bühne seine Aufwartung machte und mit strahlendem Blick verkündete, daß ihre Show »sehr nett« gewesen sei, drehte das materialistische Mädel durch: Kurzerhand wandte sich Madonna ab, steckte den Finger in den Hals, würgte ein bißchen und wies ihre Ja-Sager anschließend an, diesen Idioten nie wieder in eines ihrer Konzerte zu lassen. So zu sehen in Alek Keshishians *Truth or Dare*, deutschen Zuschauern besser bekannt unter seinem alternativen Titel *In Bed with Madonna*.

Im Rückblick kann man die skandalöse Reaktion der Diva durchaus verstehen. Sie, die sich ihren Ruf über Jahre hinweg mühsam aufgebaut, ohne Rast und Ruhe die Tabus niedergetrampelt hatte, wo immer sie sie zu finden meinte, sah sich plötzlich von einem jungen Mann überflügelt, der nichts weiter tat als all die zertrampelten Ikonen wieder aufzurichten, neuer und schöner als zuvor.

Interessant an Kevin Costners Aufstieg ist in erster Linie die meteorhafte Geschwindigkeit, mit der der Schauspieler diesen hinter sich brachte. Denn immerhin: Wer allein in Deutschland 5,7 Millionen Besucher für ein recht unkommerzielles Produkt wie *Dances with Wolves* mobilisieren kann, von dem sollte man erwarten, daß er vor seinem endgültigen Durchbruch des öfteren anderweitig in Erscheinung getreten ist. Tatsache ist jedoch, daß der heutige Superstar zumindest auf dem deutschen Markt lange eine kommerzielle Null war: Lawrence Kasdans *Silverado* (Silverado), Roger Donaldsons *No Way Out* (No Way Out – Es gibt kein Zurück), Ron Sheltons *Bull Durham* (Annies Männer) und Phil Alden Robinsons *Field of Dreams* (Feld der Träume) liefen vor leeren Kinos; Kevin Reynolds' *Fandango* (Fandango) und John Badhams *American Flyers* (Die Sieger – American Flyers) kamen erst gar nicht in den Verleih, sondern wurden gleich auf Video verheizt; was schließlich Brian de Palmas *The Untouchables* (The Untouchables – Die Unbestechlichen) betrifft, dürfte hier wohl

Nach dem siebenfachen Oscar-Triumph

eher die Kombination zweier namhafter Nebendarsteller (Sean Connery, Robert de Niro) mit einem namhaften Kultregisseur hinter dem internationalen Erfolg des Filmes gestanden haben. So liegt die Vermutung nahe, daß es sich bei dem plötzlichen

Erfolg des Kevin Costner weniger um ein filmisches als um ein soziohistorisches Phänomen handelt: das Resultat nicht etwa schauspielerischer Begabung (wobei das Talent Costners keineswegs in Abrede gestellt werden soll) als tiefgreifende Veränderungen in der globalen Psyche. Gerade die beiden Mega-Erfolge Costners sind auch und vor allem mustergültige Bush-Filme: »Sowohl *Robin Hood* (Robin Hood – König der Diebe) als auch *Dances with Wolves* bewahren die schlichten Formeln der Filme aus der Reagan-Ära (der Triumph des Invidualisten, unverkennbare Trennnung von Gut und Böse, eine tyrannische Manipulation sämtlicher Gefühle, die nur eine einzige Reaktion zuläßt). Und doch reichern sie sie mit dem modernsten »progressiven« Gedankengut der frühen Neunziger an (ökologische Vernunft, Verherrlichung der schikanierten Indianer, das Stehlen von den Reichen, um es den Armen zu geben, New Age-Ideen über persönliche Reife) … In ihrem sanften Rückblick verleihen seine Filme Reagans Ideen ein menschlicheres Gesicht – ein Gesicht, das, der Häufigkeit nach zu schließen, mit dem er ihn entblößt, verdächtig wie Costners funkelnder Hintern aussieht.«[1]

Diese Taktik gereicht dem Schauspieler nicht nur zum Vorteil. Wo die Körperhelden der Achtziger, die Schwarzeneggers und Stallones, gezwungen waren, *Lösungen* für diverse Krisen des amerikanischen Bewußtseins zu offerieren, Vietnam und die dritte industrielle Revolution auf ihre eigene, durchaus zwiespältige Art aufzuarbeiten, kann es sich Kevin Costner nach dem amerikanischen Endsieg gegen die UdSSR und den Irak leisten, sich in bloßen Remineszenzen zu ergehen und die gute alte Zeit in voller Blüte wiederaufleben zu lassen.

Von jenen beiden Schauspielern, mit denen ihn selbst namhafte Kritiker immer wieder vergleichen, unterscheidet ihn somit ein wesentlicher Punkt. Konnten Gary Cooper und James Stewart ihre »Normalbürger« noch weitgehend ungebrochen verkörpern, muß sich ein Mann der Neunziger wie Kevin Costner einer ganzen Reihe manipulativer Taktiken bedienen, um seine alte Botschaft wirksam an den Mann zu bringen. Folgerichtig wirken gerade Costners größtem Erfolge bei näherem Hinsehen immer etwas kalkulierter, als es ihre eigentliche Botschaft verträgt. Ein Paradebeispiel ist natürlich *Robin Hood: Prince of Thieves*, der seinen Erfolg primär einer geschickt orchestrierten PR-Kampagne verdankt. Selbst der ehrlichere *Dances with Wolves* zeichnet sich jedoch durch eine gewisse Beharrlichkeit seines Stars aus, in einem fort die »Normalität« des Lt. Dunbar zu betonen.

Nach nur zwei erfolgreichen Filmen ist es zweifellos zu früh, hier von einem fundamentalen Zwiespalt im Leinwandbild des Kevin Costner zu sprechen. Dennoch: eine gewisse Kluft zwischen Anspruch und Methode besteht ganz unverkennbar. So will sich dieses Buch auch nicht mit einer schwärmerischen Bestätigung des Images an sich zufriedengeben; statt dessen versucht es einen Blick hinter die Kulissen zu werfen, einfach nur die Fakten für sich sprechen zu lassen.

Mit dem Director's Guild Award für »Dances with Wolves«

11

Eine Materialsammlung also, knapp und nicht immer objektiv. Gerade in Kevin Costners Fall aber scheint es nur angemessen, die Fakten erst einmal von der Fiktion zu trennen, bevor man mit inflationären Begriffen wie »Superstar« um sich wirft. Es ist nur eine gewagte Theorie, aber womöglich wird dieser Mann dem Chronisten eines künftigen Zeitalters eben doch nicht als Sexsymbol und »letzter amerikanischer Held« denn als jener Mann in Erinnerung bleiben, der in den Neunzigern an vorderster Front eines Quantensprungs in der Vermarktungsindustrie stand.

Kindheit und Jugend

*»Schon als kleiner Knirps konnte mich ein Film zum
Heulen bringen, falls er richtig aufgebaut war: wenn er
mir klarmachte, was Gut und Böse war, oder wenn
ich das Dilemma verstand, vor das sich der Gute gestellt sah. In diesen Dingen habe ich wirklich zum Kino
auf-gesehen. Ich habe mich immer selbst in den Film
versetzt. Und ich glaube, so spiele ich heute noch:
Ich versuche den Zuschauer zu mir in den Film hinein-
zuziehen. Nicht so sehr nach dem Motto: »Nun sieh mal
zu, was ich jetzt tue«, als vielmehr: »Komm doch
einfach mit. Ich erledige das für dich. Ich will den
Bösen ausschalten – und falls wir beide auf derselben
Wellenlänge liegen, schaffe ich das auch.«*

KEVIN COSTNER

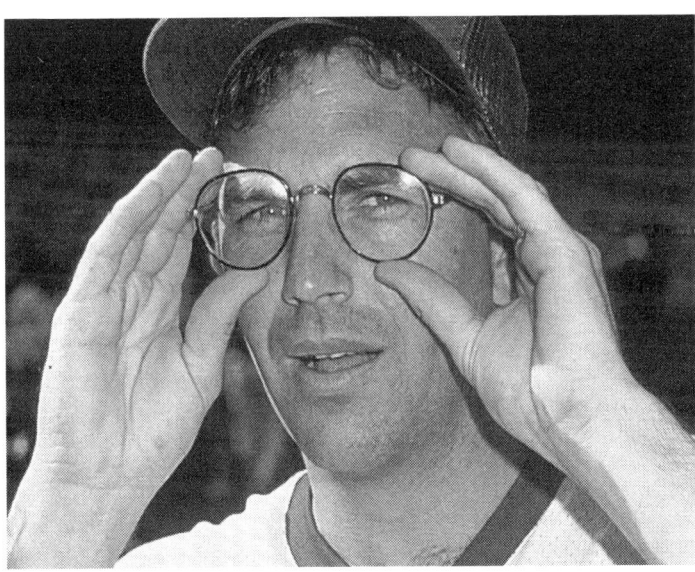

*Als Teilnehmer eines Baseballspiels in East Hampton – Kevin Costners
erster Berufswunsch als Teenager war es, als Profi in die Major League
zu gehen*

Zur Welt kam er im kalifornischen Compton. Ursprünglich stammte die Familie Costner jedoch aus dem Indianerterritorium, genauer gesagt: aus Oklahoma. Die Urheimat der Costners war eine Region, die historisch recht eng mit den Ereignissen von *Dances with Wolves* verknüpft war. Zu Beginn des 19. Jahrhunderts war Oklahoma noch weitgehend unerschlossen, tatsächlich war das Gebiet erst 1803 von der französischen Regierung an die USA abgetreten worden. Als der Kongreß daher 1830 den sogenannten Indian Removal Act verabschiedete, der vorsah, alle Indianerstämme aus ihren angestammten Gebieten zu vertreiben und in Reservaten zu konzentrieren, bot sich Oklahoma förmlich an. Nicht weniger als fünf solcher Reservate entstanden in den nächsten Jahren, je eines für die Chickasaw, die Choctaw, die Seminolen, die Creek und die Cherokee. Dem unaufhaltsamen Vormarsch der weißen Siedler gen Westen boten die neuen Reservate allerdings kaum Widerstand. 1889 gab die Regierung alle »nichtzugewiesenen« Teilgebiete für eine Besiedlung frei, 1907 wurde Oklahoma schließlich zum 46. Bundesstaat der USA. Am Ende blieb den Indianern keine andere Wahl, als sich mit dem neuen Besitzer ihrer Jagdgründe zu arrangieren. Immer öfter kam es zu Mischehen.

Kevin Costners Großvater väterlicherseits, ein hochgewachsener, gutaussehender Mann, setzte diese Tradition fort. Selbst ein halber Cherokee, dessen andere Hälfte auf irische und deutsche Vorfahren zurückging, heiratete er im zarten Alter von vierzehn Jahren die hübsche Lily. Gemeinsam machte man sich an den Aufbau einer Farm, kurz darauf kam ihr erster Sohn Bill zur Welt. Mit neunzehn hatte Kevins Großvater alles erreicht, was er sich vorgenommen hatte: Die Farm blühte auf, die Familie lebte in einem gewissen Wohlstand.

In den Dreißigern machte die Weltwirtschaftskrise den Träumen der Costners jedoch ein rasches Ende. Wie so viele andere Farmer aus dem »Dust Bowl« stand auch Kevins Großvater über Nacht vor der Pleite. Schließlich blieb ihm keine andere Wahl, als sein gesamtes Hab und Gut an die Bank zu überschreiben und sich zusammen mit der Familie auf jenen langen Treck zu machen, den John Steinbeck später in seinem Roman *The Grapes of Wrath* (Früchte des Zorns) so eindringlich beschreiben sollte: Nach Kalifornien, ins gelobte Land.

Dort zeigte man sich an seinen Farmerskünsten jedoch nicht besonders interessiert. Kevins Großvater wechselte den Beruf, wurde Dammbauer und arbeitete in dieser Funktion an allen Prestigeprojekten der damaligen Zeit mit, darunter dem Hoover- und dem Shasta-Damm. Bill Costner dagegen zeigte sich von dieser Arbeit nicht begeistert. Statt in die Fußstapfen des Vaters zu treten, bewarb er sich bei der südkalifornischen Branche der Elektrizitätsgesellschaft Edison. Zunächst noch schlichter Mastenkletterer, der immer dann in luftiger Höhe die Leitungen flicken mußte, wenn ein Sturm die Stromversorgung wieder einmal unterbrochen hatte, wurde er in der Folge rasch zum Aufseher des Santa Ana-Bezirks befördert. Inzwischen hatte er auch ein junges Mädchen aus Illinois kennengelernt, das bei der Staatlichen Wohlfahrt arbeitete. Als Bill nach seiner Beförderung die Zukunft schließlich als halbwegs gesichert einschätzte, heirateten die beiden. 1950 kam ihr erstes Kind zur Welt, Kevins älterer Bruder Dan.

Den Bemerkungen zufolge, die der in privaten Dingen eher zurückhaltende Star später der Presse gegenüber tätigte, waren die Costners eine glückliche, wenn auch mit irdischen Gütern nicht gerade reichlich gesegnete Familie. Eine tragische Fehlgeburt, Kevins zweiter Bruder Mark starb kurz nach seiner Entbindung im Jahre 1953, schweißte den Clan lediglich noch enger zusammen. Am 18. Januar 1955 kam schließlich der dritte und letzte Sohn der Costners zur Welt.

Seine frühe Kindheit verbrachte der junge Kevin im kalifornischen Compton, einer eher rauhen Arbeitersiedlung, in der es nur sehr wenig Abwechslung gab. Freunde hatte er nur wenige, und so beschäftigte sich der Junge vornehmlich mit sich selbst. Besonderen Gefallen fand er dabei an den zahlreichen Abwässerkanälen unterhalb der Stadt, die er mit dem Spielzeuggewehr in der Hand in allen Einzelheiten erkundete.

Das neue Sexsymbol – »Bull Durham«

kommen. Ich sah mich vor so viele neue Situationen gestellt, daß ich einfach abgewinkt habe. Ich durfte vor den neuen Freunden nicht zu sehr auftrumpfen, lustig sein wollte ich nicht. Und ganz sicher wollte ich nicht, daß mir das Mädchen

»Es ist ein Wunder, daß ich überhaupt noch am Leben bin«, erinnert er sich heute an diese Exkursionen. »Ich bin durch Tunnel und Bewässerungskanäle gekrochen und hatte keine Ahnung, wo ich wieder herauskommen würde. In dieser Hinsicht war ich sehr abenteuerlustig. Meine Mutter bekam mich erst dann wieder zu sehen, als es bereits dunkel wurde. Ihre einzige Regel lautete: › Bitte nicht in deinen Schulkleidern! ‹«[1]

In die frühe Kindheit fällt auch seine erste Begegnung mit dem Kino. Er war gerade vier Jahre alt, als sein älterer Bruder der Mutter gegenüber den Wunsch äußerte, an diesem Abend einen Film ansehen zu wollen. Pflichtschuldigst wollte sich jene bereits mit Dan auf den Weg machen, als ihr leichte Bedenken kamen. Kevin allein zu Haus? Lieber nicht. Kurzerhand holte sie den bereits in seinem Pyjama steckenden Sprößling aus dem Bett und verfrachtete ihn auf den Rücksitz ihres Wagens. Vor dem Kino blinzelte Kevin dann verschlafen durch die verregnete Heckscheibe und fragte die Mutter, was die roten Buchstaben auf der Markise bedeuteten. Jene tat ihm den Gefallen und buchstabierte den Titel für ihn: B-E-N H-U-R. »Diesen Augenblick habe ich mein ganzes Leben lang nicht vergessen. Aber damals hatte ich mir nicht vorstellen können, selbst einmal in einem Film mitzuspielen. Ich war der festen Überzeugung, daß all die Leute auf irgendeine geheimnisvolle Art auf der Leinwand geboren worden waren.«[2]

Ohnehin begann für den Jungen allmählich der Ernst des Lebens. Southern California Edison hatte die Qualitäten seines Vaters mittlerweile zu schätzen gelernt und pushte Bill die Karriereleiter nach oben. Eine stete Folge von Versetzungen nahm ihren Anfang; in den nächsten Jahren zog die Familie von einem Vorort zum nächsten. Seine ersten vier Schuljahre verbrachte Kevin an vier verschiedenen High Schools, erst im Alter von zehn Jahren nahm die Umzugsserie schließlich ein Ende und die Costners konnten sich in Ventura niederlassen.

»Ich war wie ein Armeebalg«, umschrieb er Jahre später diese Zeit. »Meine eigene Persönlichkeit habe ich völlig verdrängt, um mit den ständig wechselnden Umgebungen zurechtzu-

des örtlichen Anführers schöne Augen macht. Ich denke, ich habe in dieser Zeit eine Menge Selbstvertrauen verloren.«[3] Auch die Tatsache, daß es sich bei dem Kevin jener Jahre um ein eher schmächtiges Bürschchen handelte, das in einem fort Probleme mit dem Knie hatte, trug nicht gerade zur Steigerung seines Ansehens bei. Um wenigstens etwas Anschluß zu finden, begab er sich daher des öfteren auf den Sportplatz. Die Erfahrung der vielen Umzüge hatte ihn recht bald gelehrt, daß man es in einer neuen Umgebung als ausgewiesenes Sport-As zumindest etwas leichter hatte. Was als pure Notwendigkeit begann, bereitete Kevin jedoch sehr bald echtes Vergnügen. In Windeseile mauserte er sich zum begehrten Baseball-, Basketball- und Footballspieler, der im Freundeskreis auch schon mal von seinem Traum erzählte, später ins Baseball-Profilager überzuwechseln.

Schauspielaspirationen hatte er zu dieser Zeit so gut wie keine; Kevins öffentliche Auftritte während seiner Zeit an der High School beschränkten sich auf das Mitsingen im Kirchenchor und die gelegentlich damit verbundenen Musical-Aufführungen. Heute sieht er seine damaligen Gefühle allerdings etwas differenzierter, gibt bisweilen zu, daß ihn die Schauspielerei von Anfang an fasziniert habe, er jedoch durch seine Erziehung dem Metier eher zwiespältig gegenüber gestanden habe: »Meine Kindheit war so normal, daß mir die Schauspielerei wie eine reine Fluchtphantasie vorkam, etwas, das niemand aus meiner Familie ernsthaft in Erwägung ziehen würde. Es ist nicht so, daß sie mir Steine in den Weg gelegt hätten, eher, daß es mir nie wie eine echte Alternative vorgekommen war.«[4]

Dennoch hatte sein Interesse am Kino an sich nie wirklich nachgelassen. Zur regelrechten Initialzündung entwickelte sich dann 1963 das Cinerama-Epos *How the West Was Won* (Das war der Wilde Westen), ein breit angelegtes, über zweieinhalb Stunden langes Panorama klassischer Western-Geschichten, Figuren und Situationen. Insbesondere der von James Stewart verkörperte Trapper Rawlings sollte sich für

Kevin Costner zu einer Art Rollenvorbild entwickeln: »Von ihm habe ich gelernt, wie es ist, eine schwierige Entscheidung zu treffen. Es war reichlich theatralisch, aber anschließend sagte ich mir: »Ich will kein Schwächling sein, ich will nicht nur das Bequeme. Und selbst wenn es hart auf hart kommt, bleibt das Redliche immer redlich.«« [5]

How the West Was Won zählt noch heute zu Kevin Costners absoluten Lieblingsfilmen, was man nicht zuletzt daran er-

Der sanftere Mickey Rourke

kennen kann, daß er bei Dreharbeiten auf Wunsch noch heute gerne Dialogpassagen aus dem Film zum Besten gibt. Wie groß sein Faible wirklich ist, mußte auch ein Kinobesitzer seiner neuen Heimatstadt Ventura erfahren, als er den Star 1987 zur Premiere seines neuen Films *The Untouchables* einlud. Wie der Zufall es so wollte, war es dasselbe Kino, in dem sich Kevin seinerzeit als Achtjähriger *How the West Was Won* angesehen hatte. Der ansonsten so umgängliche Costner lehnte ab, weil er befürchtete, daß ein Wiedersehen mit dem inzwischen renovierten Kino die Erinnerung an ein entscheidendes Kindheitserlebnis ruinieren könnte.

Die nächste Andeutung, daß sich der junge Baseball-Fan möglicherweise doch für eine andere Karriere entscheiden könnte, folgte im Jahre 1968. Der Vietnamkrieg hatte sich zu einem Debakel entwickelt, und so sah die Familie mit durchaus gemischten Gefühlen zu, als die Reihe an Dan Costner kam. Die Ausnahme war der dreizehnjährige Kevin: Wann immer Dan über das Wochenende nach Hause zurückkehrte, sah er sich von seinem jüngeren Bruder bestürmt, der die Schilderungen seiner Erlebnisse bei der Grundausbildung förmlich verschlang. Hatte Kevin bis dahin kaum Interesse an kreativer Tätigkeit gezeigt, änderte sich das nun mit einem Schlag. Er machte sich Notizen, schnitt die Gespräche mit seinem Bruder auf Tonband mit, transkribierte sie akribisch und hatte sich auf diese Weise bald eine umfangreiche Sammlung zugelegt. Auf eine entsprechende Frage Dans teilte ihm Kevin mit, daß er das Material gern zu einem Buch über die Erfahrungen der weißen Arbeiterklasse verarbeiten würde. Dan war überrascht, sagte sich jedoch, daß dieses neue Hobby vermutlich nicht zu lange überleben würde. Wie sich herausstellte, sollte er damit recht behalten. Als Dan nach Abschluß seiner Grundausbildung Mitte des Jahres tatsächlich nach Vietnam versetzt wurde und sich Kevin in den Briefen und Tonbändern seines Bruders mit der Wirklichkeit des Krieges konfrontiert sah, kam auch seine schriftstellerische Tätigkeit zu einem raschen Ende.

1972 machte Kevin Costner seinen Abschluß an der Villa Park

Einmal mit Schnurrbart – »American Flyers«

High im Orange County. Um die neue Freiheit gebührlich zu feiern, brach er in diesem Jahr auf einen kleinen Abenteuertrip auf. Als Vorbild diente ihm dabei die berühmte Expedition von M. Lewis und W. Clark, die im Auftrag Thomas Jeffersons in den Jahren 1804 bis 1806 von St. Louis aus den äußersten Nordwesten der USA erforscht hatten und dabei über verschiedene Flußläufe bis an den Pazifik vorgedrungen waren. Kevins Fahrt im selbstgebauten Kanu beschränkte sich zwar auf die Dakotas, führte ihn aber immerhin über etliche der Flüsse, die von Lewis & Clark seinerzeit das erste Mal befahren worden waren.

Anschließend war die erste große Entscheidung fällig: jene über das College-Hauptfach. Wie die meisten Jungen seines Alters hatte Kevin keine rechte Vorstellung, was er mit seinem Leben anfangen sollte. Am Ende entschied er sich für eine probate Kombination: Marketing und Finanzwesen. Er schrieb sich an der California State University in Fullerton ein, wo er die ersten drei Jahre ohne größere Ereignisse hinter sich brachte. Erst ein Buchhaltungskurs im letzten Jahr sollte seine Perspektive von Grund auf ändern. Der Kurs an sich war sterbenslangweilig, und so hatte sich Kevin in weiser Voraussicht eine Zeitung mitgebracht. Während der Professor auf dem Podium mit sanfter Stimme vor sich hinreferierte, blätterte Kevin die Kleininserate im College-Anzeiger durch. Besonders eines fiel ihm dabei ins Auge: Gesucht wurde nach Darstellern für eine Produktion von *Rumpelstilzchen*.

Kaum hatte er die Anzeige gelesen, als sich jene kreative Seite seiner Persönlichkeit, der er seinerzeit schon die »Notizen zur weißen Arbeiterklasse« verdankt hatte, erneut meldete, diesmal mit einer Stimme, die er einfach nicht mehr überhören konnte. Bereits am nächsten Tag sprach er bei den Machern des Theaterstücks vor: »Ich wußte ganz einfach, daß alles, was in diesem Raum bei diesem Vorsprechtermin vor sich ging, genau das war, was ich mir schon immer vorgestellt hatte. Die Rolle habe ich natürlich nicht bekommen, aber mein kreatives Herz pochte wie wild. Ich fing dann damit an, an den örtlichen Schauspiellektionen teilzunehmen, vier oder fünf Nächte die Woche. Ich konnte einfach nicht genug bekommen.«[6]

Bald trugen die nächtlichen Lektionen erste Früchte. Kevin schloß sich einer kommunalen Theatervereinigung namens

Mit Ehefrau Cindy bei der Vergabe des Life Achievement Awards an Kirk Douglas

»South Coast Actors Co-Op« an und trat rasch in seinen ersten Bühnenstücken auf, so etwa in Clifford Odetsw' *Waiting for Lefty* und Arthur Millers *A View from the Bridge*. Da er sich über die Reaktion seiner Familie auf sein neues Hobby nicht so sehr im klaren war, hielt er seine Auftritte zunächst einmal geheim. Bevor er den Vater mit seinem neuen Berufswunsch schockierte, wollte sich Kevin erst einmal darüber klar werden, wieviel ihm die Schauspielerei tatsächlich bedeutete. »Ich stammte von sehr praktisch denkenden Eltern ab«, erinnert er sich heute. »Und so fragte ich mich in einem fort, ob dies nicht nur eine Flucht vor meinem wahren Ich war. Ich wußte nicht, ob ich da nicht einfach vor meinem eigenen Schatten davonlief. Mit der Zeit stellte sich jedoch heraus, daß hier etwas sehr Reales vor sich ging. Wann immer ich in eine andere Rolle schlüpfte, stand ich förmlich unter Strom.«[7]

Vor der endgültigen Entscheidung schreckte Kevin jedoch noch eine ganze Weile lang zurück. Das mochte auch damit zu tun haben, daß sich völlig unverhofft das Privatleben vor die Karriere gestellt hatte. Im März 1975 war er auf einer Party der Delta Chi-Studentenverbindung der Biologiestudentin Cindy Silva begegnet. Für beide war es Liebe auf den ersten Blick: »Ich war mit der Schwester jenes Typs gekommen, mit dem ich schon seit einer Weile befreundet war«, erinnert sich Cindy an ihre erste Begegnung. »Also versuchte ich, sehr diskret zu Werke zu gehen. Aber Kevin und ich haben uns die ganze Zeit tief in die Augen geblickt, wir haben immer wieder miteinander getanzt, und am Ende meinte er, daß ich jetzt wohl besser zu meinem Freund zurückgehen sollte. Ich antwortete nur: »Wär' wohl besser, ja«. Aber wir waren noch so jung. Ich weiß, es klingt lächerlich, aber die Nacht war traumhaft. Und danach machte er mir den Hof, genauso, wie es Jungs eben tun, wenn sie keine Kohle haben. Er spendierte mir Eiskrem und brachte gelegentlich selbstgepflückte Blumen oder sowas.«

»Ich ging bereits ans College und war doch noch nie mit einem Mädchen ausgegangen«, lautet Kevins eigene Variante der bewußten Nacht.

»Ich hatte nicht besonders viel Erfahrung. Alles, was ich kannte, waren die Girls vom College. Frauen an sich kannte ich gar nicht. Ich bin ganz einfach meiner Frau begegnet, und nun sind wir seit fünfzehn Jahren zusammen.«[8]

In diesem Sommer fiel den Besuchern von Disneyland dann immer wieder ein junger Mann auf, der sich auf recht eindeutige Weise an Schneewittchen heranmachte. Der Junge war natürlich Kevin Costner, und im Kostüm der Disney-Heldin steckte keine andere als Cindy, die sich auf diese Weise in den Semesterferien einen kleinen Nebenverdienst einholte. In den folgenden Jahren wich die Schneewittchen-Maske zwar der Ground Crew-Uniform von Delta Airlines, an den Gefühlen änderte sich jedoch nichts. 1978 – Kevin hatte die California State gerade als graduierter Marketing-Fachmann abgeschlossen – heirateten die beiden schließlich. Da Cindy noch ein Semester mehr zu absolvieren hatte, suchte sich das Paar eine Bleibe nahe der Uni. Während seine Gattin das gemeinsame Fahrrad in Beschlag nahm, machte sich der frischgebackene Werbefachmann in seinem roten Truck auf Arbeitssuche. Als Kevin nach längerer Suche bei einer Baufirma in Pomona unterkam, schien die Zukunft fürs erste geritzt.

Exakt dreißig Tage nach seinem ersten Arbeitsantritt bot sich der heimkehrenden Cindy ein ungewöhnliches Bild: Kevin saß im Wohnzimmer vor einer alten Schreibmaschine, um sich herum verstreut Dutzende von kleinen Notizen. Warum er denn nicht bei der Arbeit sei, wollte die verdutzte Gattin wissen. Kevins Antwort war kurz und prägnant: »Na ja, ich habe heute gekündigt. Ich möchte doch lieber Schauspieler und Drehbuchautor werden.« Cindy verschlug es die Sprache. Kaum hatte sie jedoch den ersten Schock überwunden, als sie auch schon die herumliegenden Zettel aufklaubte und flüchtig überflog. Ihr Urteil war vernichtend: »Mein Gott, du willst Schriftsteller werden? Du hast doch keine Ahnung von Rechtschreibung.«[9]

Diesmal stand sein Entschluß jedoch fest, und da Kevin nur zu gut wußte, wo der Film zuhause war, zog das junge Paar bald in ein Appartement in West Hollywood um. Tatsächlich gelang es ihm recht bald, einen Gesprächstermin bei den Raleigh Studios zu ergattern, einer kleinen unabhängigen Produktionsfirma, die sich hauptsächlich mit Werbespots über Wasser hielt.

Für größere Illusionen war jedoch kein Raum; Schauspieler und Autoren hatten die Raleigh Studios mehr als genug. Was man brauchte, war ein Studiohallen-Aufseher. Kevin biß die Zähne zusammen, sagte zu und verbrachte von da an fünf bis sechs Tage pro Woche bei den Dreharbeiten diverser Commercials. Je häufiger er jedoch den Models zusah, um so öfter schlich sich jener Gedanke in sein Hirn, der wohl jeden angehenden Schauspieler früher oder später überfällt: So gut wie die bin ich schon lange. »Doch immer wenn mir dieser Gedanke kam, haute ich mir im Geiste eine runter: Was willst du eigentlich, du Arsch? Werbespots kannst du sowieso nicht ausstehen, also beruhig' dich lieber wieder.«[10]

Statt dessen ging Kevin Costner treu und brav den Weg, der seit Gründung Hollywoods für einen Debütanten quasi vorgeschrieben war: Er studierte die Kleinanzeigen in *Variety*, dem *Hollywood Reporter* und anderen Fachblättern, und obwohl es sehr schwierig ist, hierbei die Spreu vom Weizen zu trennen, meinte Kevin bald, das Richtige gefunden zu haben. Richard Brander, ein Schauspiellehrer, suchte nach frischen Gesichtern für seinen ersten Film: ein Strandopus namens *Malibu Summer* mit seiner Frau Leslie in der Hauptrolle.

Diesmal blieb ihm das Glück treu. Brander zeigte sich von der Ernsthaftigkeit seines Bewerbungsschreibens beeindruckt und bot ihm eine kleine Nebenrolle an. Kevin akzeptierte, an den nächsten Wochenenden stand er dann bereits am Strand von Santa Barbara vor der Kamera. Wieder spielte ihm das Schicksal jedoch einen Streich: Der Film war schon fast im Kasten, als dem angehenden Regisseur und Produzenten in Personalunion das Geld ausging.

Blieb die Hoffnung auf einen anderen Finanzier. Ein solcher fand sich zwar denn auch, doch jener hatte, wie sich schnell herausstellte, durchaus andere Vorstellungen von einem Strandfilm als Brander. Im Klartext: mehr Nackedeis.

Kevin, der bis dahin keinen müden Dollar für seine Arbeit gesehen hatte, war entsetzt. Zwar bemühte er sich noch, seinen Namen aus dem Vorspann zu entfernen, doch derlei Bedenken

»Fandango«. Die Groovers in Aktion

eines jungen Debütanten waren dem Produzenten herzlich
egal. Ohnehin verschwand die Kopie von *Sizzle Beach, USA*,
so der neue Titel, nach Abschluß der Dreharbeiten sehr bald in

Armed and Dangerous – Kevin Costner in »Revenge«

einem Keller – wo sie zunächst sieben Jahre liegenblieb, bis sie im Mai 1986 von den Trash-Spezialisten der New Yorker Firma Troma (*The Toxic Avenger / Atomic Hero*) wieder ausgegraben und mit entsprechendem Werbeaufwand (»Kevin Costners erster Film!«, dies trotz der Tatsache, daß der Star bestenfalls eine Nebenrolle spielte) auf dem Festival von Cannes präsentiert wurde. Selbst dann sollte es aber noch bis Juli 1989 dauern, bevor der Film seine Premiere in den amerikanischen Videotheken erlebte.

Für Kevin hätte der erste Filmauftritt nicht deprimierender ausfallen können. »Ich war total naiv«, gibt er heute zu, »und ich hatte keine Vorstellung, wie der fertige Film überhaupt aussah. Und obwohl mir das Erlebnis die Lust am Filmgeschäft komplett genommen hat, stellte es doch eine wertvolle Lektion dar. Es hat mich verändert, nicht so sehr wegen des niedrigen

Budgets an sich, als wegen der ganz auf Billig eingeschworenen Denkweise der Filmemacher. Das ist mir bis heute geblieben.«[11]

Statt sich einen Agenten zu suchen und sich in einer Vielzahl kleiner und kleinster Rollen langsam einen Namen zu machen, entschied sich Kevin daher, den Beruf von der Pike auf zu lernen. In den nächsten beiden Jahren besuchte er zahlreiche Kurse, darunter auch jenen Richard Branders, und gründete schließlich sogar seinen eigenen Workshop, wo er erstmals mit anderen Schauspielern, Regisseuren und Drehbuchautoren zusammenkam. »Das war jene Zeit, wo ich mich ernsthaft in die Schauspielerei verliebte. Wir haben einfach alles aufgeführt, was wir uns ausgedacht hatten, ohne uns groß darum Gedanken zu machen. Niemand hat irgendwas dabei verdient, aber ich lernte die ganze Zeit dazu, und das machte mich glücklich.«[12]

Der Herrscher des Schneideraums

»Ich glaubte wirklich, daß aus mir mal etwas werden
würde, aber diese Filme waren ganz sicher nicht
das Richtige (…) Mit Hochglanzfotos hatte ich nichts
am Hut. Ich habe mich nicht einmal bemüht, einen
Agenten an Land zu ziehen, weil ich die dafür nötigen
Erklärungen für überflüssig hielt. Ich war Schauspieler.
Ich hatte es nicht nötig, mich von einem Agenten
bestätigen zu lassen.«

KEVIN COSTNER

30

Lange sollte der Schwur des Kevin Costner nicht halten. Workshops mochten schön und gut sein, solange es darum ging, Erfahrungen zu sammeln – ein echter Ersatz für das Kino waren sie nicht. Hinzu kam, daß gerade zu Beginn der Achtziger der Arbeitsmarkt für junge, unerfahrene Schauspieler förmlich aufblühte. Grund war ein eher schlichtes Produkt, das 1980 die mögliche Gewinnspanne für billig hingeschluderte Filme in bis dahin ungeahnte Höhen emporgetrieben hatte. Paramounts *Friday the 13th* (Freitag, der 13.), dessen Plot sich im wesentlichen damit begnügte, junge Darsteller in immer neuen, phantasievollen Varianten von einem irren Killer um die Ecke bringen zu lassen, hatte das Studio eine runde Million gekostet, am Ende des Jahres aber nicht weniger als 17 Millionen Dollar wieder eingespielt. Die Zahlen ließen die unabhängigen Studios aufhorchen. Offensichtlich hatte die alte Weisheit, wonach mehr Geld für einen Film auch mehr Geld aus einem Film bedeutete, inzwischen ihre Gültigkeit verloren. In den nächsten vier Jahren überschwemmten zahllose Möchtegern-Majors den Kinomarkt mit billigen und billigsten Horrorfilmen nach dem Muster von *Friday the 13th* und garantierten so den jüngeren unter Kaliforniens arbeitslosen Schauspielern eine recht zuverlässige Einnahmequelle.

Auch an Kevin Costner ging der Slasherfilm, wie man die neue Gattung lautmalerisch bezeichnet hatte, nicht spurlos vorüber: Das Frühjahr 1981 sah den Schauspieler als Hauptverdächtigen in einer Reihe von brutalen Morden vor den Kameras von Howard Heards *Shadows Run Black*. Der Film selbst erwies sich als unglaublich stereotype Kreuzung aus Softcore und Horror und erzählte von einer jungen Frau, deren Freundinnen eine nach der anderen umgebracht werden. Am Ende stellt sich Kevin natürlich als unschuldig und ihr Vater, der ermittelnde Polizist, als wahrer Täter heraus.

In der Folge erlebte der angehende Schauspieler ein ausgesprochenes Gefühl des Déjà-Vu: Wieder beharrte er unmittelbar im Anschluß an die Dreharbeiten darauf, seinen Namen aus dem Vorspann zu entfernen (was ihm diesmal jedoch gelang);

wieder war das fertige Produkt so schlecht, daß es niemand auch nur mit der Zange anfassen wollte. *Shadows Run Black* lag zwei Jahre lang auf Eis, bevor CineWorld 1983 den Film kurzfristig in seine Staffel übernahm, dann aber sehr schnell kalte Füße bekam und ihn an Troma weiterverkaufte, wo er weitere drei Jahre liegenblieb. Am Ende wanderte das mißratene Produkt auf die große Müllhalde Video.

Nicht viel besser erging es Kevin Costner mit dem unmittelbar im Anschluß daran gedrehten *Chasing Dreams* (Chasing Dreams – Träume sind wie Staub im Wind), einem sirupsüßen Melodram über einen unangepaßten Teenie, der dank der Hilfe eines Baseballtrainers ein neues Ziel vor Augen sieht und für kurze Zeit dem Einfluß seines Vaters entrinnen kann, bevor am Ende alles doch noch tragisch endet. Wie seine beiden ersten Ausflüge in die Wunderwelt des C-Films kam auch *Chasing Dreams* erst Jahre später auf Video heraus, als sein Name längst in aller Munde war und in bewährter Etikettenschwindel-Praxis auf dem Cover entsprechend groß herausgestellt wurde. Tatsächlich spielt Kevin in diesem Streifen wenig mehr als eine Statistenrolle in den Anfangsszenen, und man geht wohl nicht fehl in der Annahme, daß es mehr das Thema als die Qualitäten des Films war, die den Baseball-Fan Costner dazu bewogen hatten, den Part überhaupt anzunehmen: gerade drei Tage Arbeit, eine willkommene Abwechslung von der Arbeit in den Workshops, wenig mehr.

Mittlerweile neigte sich das Jahr 1981 dem Ende zu, und langsam setzte sich in Kevin die Einsicht durch, daß sich seine bisherige Karriere als Filmschauspieler nicht besonders vielversprechend angelassen hatte. Womöglich hatte Cindy seinerzeit doch rechtgehabt, als sie unkte, daß ihr Gatte den neuen Beruf nur als ein Hobby betrachten würde und spätestens in fünf Jahren wieder damit aufhören würde. Dabei schien der Weg als solcher durchaus vorgezeichnet: *Shadows Run Black* und *Chasing Dreams* hatten recht drastisch bewiesen, daß er es mit größeren, noch so gut gespielten Rollen in unabhängigen C-Filmen kaum auf einen grünen Zweig bringen würde, wenn die Filme an sich so schlecht waren, daß sie gar nicht erst ins Kino kamen. Ganz offensichtlich führte der Weg zum Erfolg also über Nebenrollen in A- und B-Filmen eines großen Studios. Dies erforderte jedoch einen zuverlässigen Agenten, eine Aussicht, die dem Selfmade-Mann Costner nicht besonders behagte. Hinzu kam noch, daß die meisten Agenten großen Wert auf den Mitgliedsausweis der »Screen Actors Guild« legten, den man in der Regel wiederum nur dann bekam, wenn man in einer gewerkschaftlich sanktionierten Produktion eine Sprechrolle übernommen hatte, die überhaupt zu bekommen es wieder eines Agenten bedurfte. Es war, mit anderen Worten, das klassische Dilemma des angehenden Schauspielers.

Kevin wählte die nicht minder klassische Lösung: Er putzte die Klinken bei den Majors und hoffte auf eine kleine Sprechrolle in einem größeren Film, irgendeinem Film. Ein erster Versuch mit Francis Coppolas *One from the Heart* (Einer mit Herz) schlug erwartungsgemäß fehl, obwohl er für kurze Zeit als eingeschriebener Statist in den Zoetrope Studios arbeitete. Um die allfälligen Rechnungen zu bezahlen, übernahm er in der Folge sogar einige Aufträge als Dressman.

Mit der ihm eigenen Hartnäckigkeit schaffte er es jedoch zu guter Letzt, eine aufgemotzte Statistenrolle in Graeme Cliffords Filmbiographie der Schauspielerin Frances Farmer zu ergattern. Der Part an sich war nicht sonderlich kompliziert; als Frances' Theaterkollege Luther Adler hatte Kevin nichts weiter zu tun, als sich in einer kleinen Szene von seiner Bekannten (Jessica Lange) zu verabschieden. Um so größer war daher das Erstaunen der Crew, als der Niemand unmittelbar vor den Dreharbeiten die Erfahrungen seiner Workshops hervorkehrte und auf Method Acting machte: *So* etwas würde Luther Adler nie tun. Ein freundliches Kopfnicken zur Verabschiedung, ja, aber keinesfalls ein förmliches »Bis morgen«. Es dauerte bis in die frühen Morgenstunden, bis Clifford den sich sträubenden Statisten schließlich überredet hatte, den gewünschten Satz von sich zu geben. Ironischerweise wurde die Szene beim Rohschnitt wieder entfernt.

Egal. Kevin hatte endlich den begehrten SGA-Ausweis in der Tasche und machte sich stante pede an den zweiten Schritt. So einfach, wie er sich das vorgestellt hatte, gestaltete sich die Suche nach einem Vertreter seiner Interessen freilich nicht. Alle wichtigen Agenturen ließen den Neuling schonungslos abblitzen. Besonders lebhaft erinnert sich Kevin an folgende Szene im Büro eines potentiellen Agenten: »Das war vielleicht ein Idiot. Der Kerl meinte nur ganz kühl: › Schau mal, Kleiner, Donald Pleasence wird mir in diesem Jahr mehr einbringen, als du während deiner ganzen Karriere einfahren wirst. ‹ Ich bin nur dagesessen, habe mich umgesehen und mich gefragt, ob ich noch ein wenig warten oder seinen Kehlkopf gleich zerquetschen soll.«[1]

Am Ende gelang es ihm dann aber doch, eine Winzrolle in der neuen Komödie *Night Shift* (Night Schift – Das Leichenhaus flippt völlig aus) einzuheimsen, einer Coproduktion der Warner Bros. und der Ladd Company. Sehr weit hinten in den Stabangaben steht Kevin Costner dabei, genauer gesagt: an 53. Stelle. In der Rolle des »ersten Studenten« summiert sich seine Leinwandzeit auf knappe dreißig Sekunden, belangloses Füllmaterial in der durchaus komischen Geschichte eines biederen Leichenhausangestellten (Henry Winkler), der auf Geheiß seines leicht verdrehten Partners (Michael Keaton) seine Arbeitsstelle in ein Stundenhotel umfunktioniert. Ron Howards Film, dessen Strickart sich in dieser Kürze wesentlich primitiver anhört als sie eigentlich ist, kam bei der Kritik relativ gut weg; tatsächlich sollte sich der ehemalige »Happy Days«-Darsteller in der Folge mit *Splash* (Splash – Jungfrau am Haken) und *Cocoon* (Cocoon) schnell einen Namen als Regisseur mit Talent für ungewöhnliche Geschichten machen.

Night Shift war der erste Film in Kevins bisheriger Laufbahn, der tatsächlich in die Kinos gelangte, wenngleich nur in den USA. Der erste Schritt war getan; die eigentliche Schwierigkeit lag jetzt darin, über die Dreißig-Sekunden-Parts eines *Night Shift* hinauszukommen, sich Rollen auszusuchen, in denen er genügend lange auf der Leinwand zu sehen war, um

»The Gunrunner«. Kevins Karriere begann vornehmlich mit Video-premieren

sein Talent zu etablieren. Zwar verlief ein Vorsprechtermin zu *Flashdance* (Flashdance) – geprobt wurde eine Ohrfeigensze-ne, was Kevin Costner für mehrere Tage lang sehr rote Wangen bescherte – erwartungsgemäß im Sande, immerhin hatte er jedoch das Augenmerk des Regisseurs Adrian Lyne geweckt. Als jener in der Folge daher einen Werbespot für Apple Com-puters drehen sollte, entsann er sich wieder des jungen Schau-spielers aus den Raleigh Studios.

Commercials waren jedoch nicht das, was dem eben erst Geohrfeigten vorschwebte. Er tat alles, um die Probeaufnah-men platzen zu lassen. Wo alle anderen Models aussahen wie Adonis höchstpersönlich, kreuzte Kevin unrasiert und ohne die geringsten Vorbereitungen auf. Schließlich nahm ihn Lyne beiseite und redete ihm gut zu. »Hör mal, Kev, was ist los mit dir? Der Spot bringt dir zwanzig verdammte Riesen. Ich versuche alles, um dir das Ding zuzuspielen, und du kreuzt hier auf wie ein Landstreicher.« »Eigentlich würde ich auch lieber fischen gehen«, lautete die knappe Antwort. Lyne schlug die Hände über dem Kopf zusammen, stauchte den Schauspieler zusammen und wies ihn an, am nächsten Tag für einen Probelauf noch einmal vorbeizukommen. Tatsächlich setzte sich Kevin tags darauf an den Computer und hob brav den Telefonhörer ab, ganz, wie das Skript es vorsah. Seine nächsten Worte allerdings entsprachen kaum den Wünschen des Auftraggebers: »Hallo, Liebes! Ja... Hör zu, ich krieg den verdammten Computer nicht zum Laufen.«[2] Nach einigen Retakes war der Spot dann im Kasten und Kevin ums 20.000 Dollar reicher.

Mittlerweile war es ihm gelungen, doch noch einen Agenten für sich zu begeistern. So kletterte er im weiteren Verlauf des Jahres 1982 in den Stabangaben immer weiter nach oben, auch die Filme selbst gerieten allmählich diskutabler, wenngleich nicht viel erfolgreicher. In der sentimentalen Beziehungskiste *Table for Five* (Ein Tisch für fünf) taucht er an zwölfter Stelle als frischverheirateter Ehemann an Bord eines Kreuzfahrtschiffes auf, wo der geschiedene Held des Films (Jon Voight) sich müht, zu einem besseren Verhältnis mit seinen drei Kindern zu gelangen. Einen Platz weiter oben findet er sich in Lynn Littmans *Testament* (Das letzte Testament), einem ursprünglich für die Fernsehausstrahlung innerhalb der »American Playhouse«-Serie vorgesehenen, dann aber im Gefolge von Nicholas Meyers TV-Reißer *The Day After* (Der Tag danach) in die Kinos gelangten Mahnung vor den Folgen eines Atomkriegs. Erstmals wird Kevin Costner mehr als nur ein sekundenkurzer Auftritt gewährt, und obwohl auch Littmans Film eine außerordentliche Diskrepanz zwischen dem ernsten Thema und der melodramatischen, ganz an Seifenopern orientierten Gestaltung zu eigen ist, gestaltet er die Rolle eines Nachbarn, dessen Baby an den Folgen des radioaktiven Fallouts stirbt, doch sehr eindrücklich. Für einen kurzen Moment überwinden die Tränen in seinen Augen und die grenzenlose Erschütterung, die in seiner gesamten Körperhaltung zum Ausdruck kommt, die Stereotypen der letztlich zu intimen Geschichte, machen den wahren Horror eines atomaren Kriegs unmittelbar deutlich.

Ende 1982 sah es dann so aus, als ob ihm der Sprung aus dem Dickicht der kleinen und kleinsten Nebenrollen endlich doch gelingen würde. Gleich zwei Angebote hatte ihm sein neuer Agent überreicht; da beide Filme jedoch zur selben Zeit gedreht werden sollten, sah sich Kevin unverhofft vor die Qual der Wahl gestellt. Am Ende sagten ihm dann die Sechziger-Remineszenzen und die Vorstellung von Freundschaft, die in

»Testament«, mit Rebecca de Mornay. Kevin Costner als Familienvater, der den Schrecken des Atomkriegs kennenlernt

37

Lawrence Kasdans *The Big Chill* (Der große Frust) zum Ausdruck kamen, mehr zu als die Hi-Tech-Action von John Badhams *WarGames* (WarGames – Kriegsspiele). Möglicherweise hatten bei seiner Entscheidung auch die Regisseure selbst eine Rolle gespielt: Nach dem Flop von *Whose Life Is It Anyway?* (Ist das nicht mein Leben?) befand sich Badham zum damaligen Zeitpunkt gerade in einem kurzfristigen Karrieretief. Kasdan dagegen hatte bislang die Drehbücher zu zwei der erfolgreichsten Filme aller Zeiten, *The Empire Strikes Back* (Das Imperium schlägt zurück) und *Raiders of the Lost Ark* (Jäger des verlorenen Schatzes), verfaßt und für sein Regiedebüt *Body Heat* (Heißblütig – kaltblütig) begeisterte Kritiken erhalten.

Kevins Part in *The Big Chill* sollte der eigentliche Aufhänger der gesamten Filmstory sein: jene des Selbstmörders Alex, dessen Tod für seine sieben ehemaligen Kommilitonen zum Anlaß wird, bei einem gemeinsamen Wochenende ihre gemeinsamen Träume von früher noch einmal Revue passieren zu lassen und mit ihren tatsächlichen Entscheidungen zu vergleichen. Im eigentlichen Hauptstrang der Geschichte würde Kevins Figur selbstverständlich nicht auftauchen; statt dessen sah das Drehbuch eine fünfzehnminütige Rückblende in die Sechziger vor. Nach dem ersten Rohschnitt sah sich Kasdan jedoch vor ein Problem gestellt: *The Big Chill* in der ursprünglichen Form hatte Überlänge, was die amerikanischen Kinobesitzer noch zusätzlich gegen den in der Spielberg-Ära ohnehin nicht gerade leicht vermarktbaren Film aufbringen würde. Nach längerem Nachdenken entschied sich Kasdan schließlich notgedrungen, den gesamten Flashback rigoros zu kappen. Aus der Rolle, die den ersehnten Durchbruch hätte bringen sollen, war ein Minipart geworden: kurze Vorspann-Impressionen der Leiche eines Selbstmörders, »gespielt« von einem nicht zu erkennenden Kevin Costner.

Entgegen allen Befürchtungen nahm der Schauspieler die Tatsachen jedoch gelassen hin. Lawrence Kasdan zeigte sich gebührlich beeindruckt und schwor dem so drastisch Gekürzten, ihm auf jeden Fall eine größere Rolle in seinem nächsten

»Stacy's Knights«. Mit Andra Millian

Film zuzuschanzen. Kevin mußte zwar weiterhin auf seinen
großen Durchbruch warten, hatte jedoch eine Menge Sympa-
thiepunkte gesammelt.

In dieselbe Kategorie fiel auch der 1982 gedrehte *Stacy's
Knights* (Gewagtes Spiel), ein B-Picture über ein junges Mädchen mit außerordentlichem Blackjack-Talent (Andra Millian), das in Las Vegas mit einem Spielcasinobesitzer aneinan-
dergerät. Im weiteren Verlauf des reichlich spannungsarmen
Abenteuers freundet sie sich mit dem Profi Will Bonner an,

dessen Bekannter sie in die Feinheiten des Spiels einweiht. Als der Casinobesitzer Bonner daraufhin ermorden läßt, schließt sich Stacy mit einer Reihe von Blackjack-Cracks zusammen und inszeniert als Rache einen elaboraten Clou. Als (dramaturgisch etwas unterentwickelter) Spieler tauchte Kevin an zweiter Stelle in den Stabangaben auf und erntete als einziger auch gelegentliche Anerkennung der Kritik, die *Stacy's Knights* ansonsten zu Recht als zu groß geratenen Fernsehfilm bewerteten.

Als wichtiger für seine künftige Karriere sollte sich jedoch nicht der Film an sich, als die Begegnung mit dem Drehbuchautor erweisen. Michael Blake war ein ehemaliger Hippie,

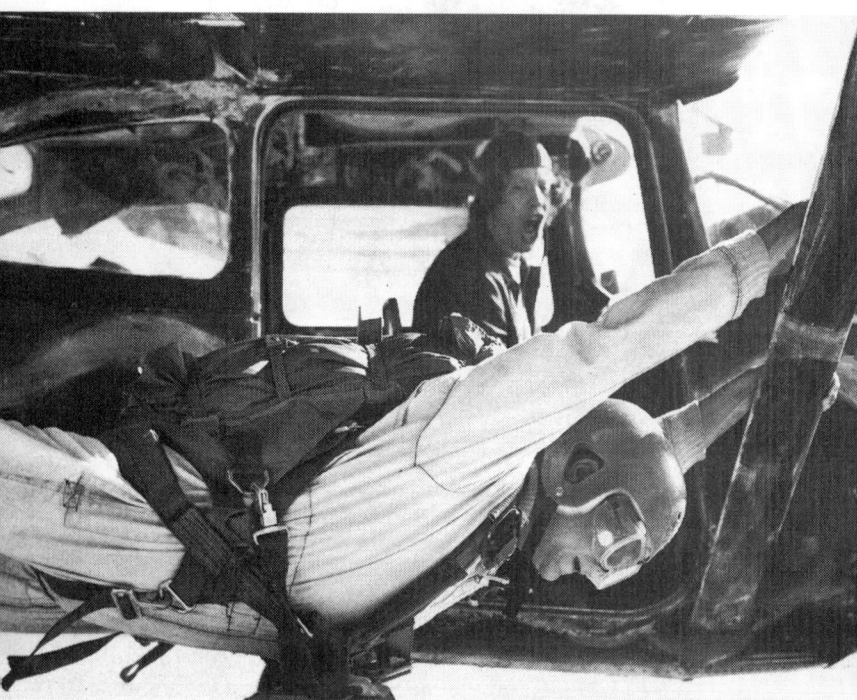

»Fandango«. Das Muttersöhnchen von der Armee beim ersten Fallschirmabsprung seines Lebens

der in den Sechzigern sehr zu seinem Verdruß zur Luftwaffe eingezogen worden war. Dank der G.I. Bill war es ihm gelungen, am Berkeley Film Institute unterzukommen und sein erstes Drehbuch an den Mann zu kriegen. Als es schließlich an die Besetzung von *Double Down* ging, wie *Stacy's Knights* zu diesem Zeitpunkt noch hieß, stach Blake vor allem einer der Aspiranten sofort ins Auge. »Es war ein *open call*, und wir hatten schon all die Typen gesehen, die sich unter »einem Mann aus Reno, dessen Vater Spieler war« jemanden mit Cowboyhut, Zahnstocher im Maul und möglicherweise einem Schnurrbart vorstellten. Und dann fällt mir dieser schmächtige, ziemlich hochgewachsene Typ auf, der die ganze Zeit nur auf- und abläuft und sich in seine Zeitung vertieft – ausgesehen hat er wie ein Huhn auf der Stange. Und ich sage zu mir: »Ich hoffe, der hat auch einen Termin.« Es war Kevin. Und sobald er vorgesprochen hatte, wußte ich, daß er unseren Mann problemlos spielen könnte. Er ist wirklich ein erstklassiger Schauspieler, der ganz instinktiv die Aura einer Figur einfängt.«[3]

In der Folge hielt Blake den Kontakt zu Kevin Costner aufrecht, Ende der Achtziger sollte er seinem Freund dann von einem Buch erzählen, das er in der langen Zeit zwischen seinen Drehbuchaufträgen verfaßt hatte: *Dances with Wolves*.

Fürs erste blieb jedoch alles beim alten; daran änderte auch der kanadische Film *The Gunrunner* nichts, mit dem die erste Phase seiner Karriere ihr Ende nahm. In der wirren Fabel über illegale Waffenverkäufe im Montreal des Jahres 1926 verflogen die Hoffnungen, die er mit der ersten Hauptrolle seines Lebens verbunden haben mochte, nur zu rasch: Kevin spielt darin einen aus China (!) heimkehrenden Schmuggler, der sich nach der Ermordung seines Bruders mit der betrügerischen Besitzerin eines Speakeasies zusammentut, um die Entführer des Bruders seiner reichen Freundin auszuschalten. Am Ende wiederholte sich das mittlerweile vertraute Spiel aufs Neue: *The Gunrunner* wanderte in den Keller und erlebte erst 1989 seine Premiere auf Video.

Im Rückblick relativiert sich jenes Qualitätsbewußtsein, das

»The Gunrunner«. Wirre Action um illegale Waffenhändler

die Medien nach *Field of Dreams* so groß herausstreichen sollte und die wesentlich zu seiner Glaubwürdigkeit als neuer Retro-Star beitragen sollten, dann doch ein wenig. Kevin Costner hatte Pech gehabt mit *Frances* und *The Big Chill*, zweifellos; andererseits dürfte er kaum so naiv gewesen sein, um bei Unterzeichnung des Vertrags ernsthaft an B-Pictures wie *The Gunrunner* oder *Stacy's Knights* zu glauben und zugunsten solcher Nichtigkeiten das qualitativ wesentlich interessantere Feld, beispielsweise der Brat Pack-Film eines John Hughes bewußt zu ignorieren. Jener Mann, der sich, so die spätere Legende, »nicht von Hollywood vereinnahmen ließ und konsequent seine eigene Vision bewahrte«, war ein Schauspieler, der arbeitete, um zu überleben; ein Darsteller auch, der dabei nicht notwendigerweise auf Qualitäten schielte. Kevin Costner im Jahre 1983 – das war, mit anderen Worten, ein durchaus normaler Schauspieler am Anfang einer normalen Karriere.

Vergeblicher Anlauf

*»Ich bin dann am besten, wenn es um Außendrehs
geht und ich ständig in Bewegung sein kann. Das liegt
einfach in meiner Natur. Die Werkzeuge, die einem
Schauspieler zur Verfügung stehen, sind seine Stimme
und sein Körper – jenes Paket, das einem mitgegeben
wurde und das die anderen dann allmählich entdecken.
Man findet heraus, wie sicher es ist, seinen Körper
zu manipulieren, wie weit man dabei gehen darf.
Die Hände, die Augenbrauen, der Mund, der Rücken –
das sind deine Verbündeten, und ich verlasse mich wirklich auf sie, wenn es um die Details einer Figur geht,
darum, sie wirklich überzeugend zu gestalten. Man
verläßt sich auf sie, und wenn man sie gut trainiert, sind
sie immer für einen da.«*

KEVIN COSTNER

Während sich der heiß ersehnte Erfolgsfilm Kevin Costner weiterhin entzog, war ein anderer Mann zu diesem Zeitpunkt damit beinahe übersättigt. Nur ein Jahr zuvor hatte Steven Spielberg, schon vorher nicht gerade ein unbeschriebenes Blatt, mit seinen beiden Filmen *E.T.* (E.T.) und *Poltergeist* (Poltergeist) den amerikanischen Kinosommer auf eine Weise erobert, die in der Geschichte Hollywoods ihresgleichen suchte. Um der Gefahr aus dem Wege zu gehen, in Zukunft stets an dem unwiederholbaren Erfolg von *E.T.* gemessen und damit quasi Opfer seines eigenes Ruhms zu werden, ein Schicksal, das der unmittelbare Folgefilm *Twilight Zone – The Movie* (Unheimliche Schattenlichter) nur zu kraß heraufbeschworen hatte, hatte sich Spielberg vor kurzem entschieden, in Zukunft verstärkt als ausführender Produzent und Förderer junger Talente aufzutreten.

Einer der ersten, der von dieser Umorientierung profitierte, war der gelernte Jurist Kevin Reynolds. Jener hatte zuvor als Assistent des texanischen Gouverneurs gearbeitet, dann einer Karriere in der Politik jedoch abgeschworen und ein Studium an der University of Southern California School of Cinema aufgenommen. Wie der Zufall es so wollte, erregte eine seiner ersten Arbeiten, ein 22-minütiger Kurzfilm namens *Proof*, kurz darauf die Aufmerksamkeit Spielbergs. Dessen Angebot war mehr als verlockend: Reynolds sollte das Drehbuch zu einem Langfilm ausbauen.

Der junge Filmemacher akzeptierte und machte sich auf die Suche nach neuen, unverbrauchten Gesichtern. In Kevin Costner glaubte Reynolds schließlich, den idealen Darsteller für die Hauptrolle des Gardner Barnes gefunden zu haben. Jener las sich auf Betreiben seines Agenten das neue Drehbuch durch und zeigte sich durchaus interessiert an *Fandango*, wie man die Langfassung von *Proof* inzwischen betitelt hatte.

Wenig später stand der Schauspieler vor den Kameras seines elften Films. Die Dreharbeiten in der Backofenhitze der texanischen Wüste verlangten allen Beteiligten einigen Schweiß ab, gestalteten sich ansonsten jedoch recht angenehem; erstmals hatte Kevin das Gefühl, den richtigen Riecher gehabt zu haben.

In den nächsten Monaten zeichnete sich immer deutlicher ab, daß seine bisher brachliegende Karriere allmählich ins Rollen kommen würde. Im Frühjahr 1984 gab ihm Regisseur John Badham zu verstehen, daß er trotz des Fehlschlags mit *War Games* weiterhin sehr an einer Zusammenarbeit mit ihm interessiert sei, und überreichte ihm das Drehbuch zu einem geplanten Radrennfilm mit dem Titel *American Flyers*. Kevin las es durch und entdeckte dabei einmal mehr einige, seiner Meinung nach recht lohnende Szenen. Bald nach Beginn der Dreharbeiten am 22. Mai merkte er jedoch, daß sich der eigentliche Film immer mehr von Steve Tesichs Originaldrehbuch entfernte. Kevin brachte sein Mißfallen gebührlich zum Ausdruck, befand sich allerdings in keiner Position, um Badham irgendwelche Forderungen zu stellen. Am Ende gab er schließlich auf und spielte die Rolle so, wie der Regisseur sie sich vorstellte. Eine gewisse Ablenkung von derlei Problemen mochte auch jene Rolle gewesen sein, die er seit kurzem hinter der Kamera zu spielen hatte: Nach sechs Jahren Ehe war Kevin Vater einer gesunden Tochter geworden, die man auf den Namen Ann getauft hatte. Cindy ließ es sich nicht nehmen, mit dem Baby auf dem Arm bei den Dreharbeiten vorbeizuschauen.

Auch beruflich schien es trotz der gemischten Erfahrungen bei *American Flyers* weiter aufwärts zu gehen. Unmittelbar nach Drehschluß meldete sich Lawrence Kasdan und erbot sich, jenes Versprechen einzulösen, das er ihm bei *The Big Chill* gegeben hatte: Eigens für den seinerzeit so schmählich Herausgeschnittenen habe er eine zusätzliche Rolle in das Drehbuch seines nächsten Films *Silverado* eingefügt. Kevin wußte den Freundschaftsdienst zu schätzen, merkte aber an, daß er bereits ein Angebot für *Jagged Edge* (Das Messer) vorliegen habe. Sobald ihm der Regisseur jedoch die näheren Details seines Projekts geschildert hatte, stand die Sache für ihn fest: *Silverado* war ein Western.

Dem Schauspieler, der als Achtjähriger *How the West Was Won* förmlich verschlungen hatte, war sofort klar, daß Kasdans Film die möglicherweise letzte Chance für ihn war, selbst in einem Western mitzuspielen. Immerhin galt das Genre spätestens seit *Heaven's Gate* (Heaven's Gate) als tot und begraben; tatsächlich hatte bei der Entscheidung des Studios für *Silverado* die Tatsache eine nicht geringe Rolle gespielt, daß zum selben Zeitpunkt ein zweiter großangelegter Western, Clint Eastwoods *Pale Rider* (Pale Rider – Der namenlose Reiter), herauskommen würde und man den entsprechenden Sommer werbemäßig zur Renaissance eines uramerikanischen Genres küren konnte. Für Kevin war die Sache damit klar: Nach einem vierwöchigen Intensivkurs in Reiten und Schießen meldete er sich am 26. November in Santa Fé. Die Dreharbeiten zu *Silverado* zogen sich bis März des folgenden Jahres hin und gestalteten sich durchaus anstrengend, nicht zuletzt wegen des hereinbrechenden Winters.

Langsam machte sich Optimismus in Kevin breit. Im Laufe des Jahres 1984 hatte er in nicht weniger als drei aufwendigen Filmen mitgespielt; die Chancen, daß er zumindest mit einem davon im folgenden Jahr den Durchbruch schaffen würde, standen recht gut. Um die Sache nicht zu überreizen, verordnete er sich daher eine längere Ruhepause und versagte sich allen weiteren Angeboten, darunter auch Oliver Stones vielversprechendem *Platoon* (Platoon), den er eingedenk der Erfahrungen seines Bruders Dan ohne Bedenken ablehnte.

Im Februar 1985 nahm der Reigen mit *Fandango* seinen Anfang. Kevin Reynolds' Film ist ein Road-Movie, was der Vorspann mit einer Reihe witziger Szenen unterstreicht, in denen verschiedene Tiere quer über eine einsame Wüstenstraße hasten. Nach einem Umschnitt sieht man gleich darauf den Studenten Gardner Barnes alias Kevin Costner, wie er Pfeile auf ein Foto von sich und seiner ehemaligen Freundin wirft. Angetan mit dunkler Sonnenbrille und leicht verrutschtem Smoking, mit brütendem Ausdruck im Gesicht, erinnert er in dieser Einstellung zunächst noch sehr an einen anderen

»Fandango«. Kevin zählt den Film noch heute zu seinen Favoriten

Yuppiehelden, Don Johnson. Spätestens in der nächsten Szene löst sich diese Ähnlichkeit jedoch radikal auf: Auf Drängen eines Freundes schließt sich Barnes, seines Zeichens Anführer der »Groovers«, erneut der Party im Wohnzimmer an, die in diesem Moment zu einer mittleren Katastrophe zu entgleisen droht. Einer der Groovers, Waggener, dessen Verlobung eigentlicher Anlaß der Party war, ist aufs Podium geklettert und verkündet der verblüfften Meute, daß er »sie« nun doch nicht heiraten werde. Als Grund zieht er einen Zettel aus der Jackentasche: seinen Einberufungsbefehl nach Vietnam. *Fandango* spielt im Jahre 1971.

Gardners Reaktion ist das erste Reversal des Films. Statt tief geknickt zu sein wie alle anderen Groovers, übt er sich in aufdringlicher Heiterkeit: Scheiß auf die Heirat, die Groovers sind das einzige, das zählt, und deshalb werde man jetzt sofort in die Wüste nahe der mexikanischen Grenze pilgern, um den alten Dom wieder auszugraben. Das ist natürlich reiner Zwekkoptimismus, und in der Folge bemüht sich das Drehbuch hastig, diesen grandiosen Zyniker sogleich wieder zu entschärfen. Kaum hat Gardner vollmundig erklärt, daß er an rein gar nichts glaubt, schon gar nicht an das andere Geschlecht, sieht man ihn auch schon in einer Traumszene, wie er restlos glücklich mit Blumen und Mädchen in einem Park herumtollt.

Dann beginnt die letzte Fahrt der Groovers. Mitten in der Wüste bleibt die Karre stehen, in einem kleinen Dorf reißt man zwei Mädchen auf, man streitet sich über die Vorstellungen vom Leben als Erwachsener, liest die obligatorische Literatur: Hermann Hesses *Steppenwolf* und den »Unglaublichen Hulk«. In einem abgewrackten Fliegerhorst vollzieht das Armeesöhnchen seinen ersten Fallschirmsprung, Dom entpuppt sich als Flasche mit Nachnamen Perignon, vor wilder Naturkulisse prostet Gardner noch einmal der Jugend und den Groovers zu. Anschließend wird Waggener solange beschwatzt, bis er sich doch zur Heirat bereiterklärt; nach einer großen Feier rauscht das glückliche Paar davon, die Groovers verabschieden sich voneinander, Gardner zieht sich auf einen einsamen Hügel zurück, wo er mit der Bierflasche der Vergangenheit einen letzten Salut entbietet.

Fandango ist ein durchaus unterhaltsamer Film über das Erwachsen-Werden in den Siebzigern, gesehen freilich aus der nostalgischen Perspektive der Achtziger und ausgestattet mit der manipulativen Raffinesse und den produktionstechnischen Qualitäten einer Spielberg-Produktion. Der Querverweis auf James Dean fehlt bei Reynolds dabei ebensowenig wie eine dreist konstruierte Vietnam-Metapher, in der sich die Groovers mit den aufgerissenen Mädchen und einer Handvoll Feuerwerkskörper (!) auf einen Friedhof zurückziehen (!!), dort aufeinander losballern und dabei prompt über das Grab eines gefallenen Vietnamsoldaten stolpern (!!!). Die Szene ist in typischem Spielberg-Blau gehalten und wirkt – wie auch der ganze Film – vor allem durch ihre Unverfrorenheit. Kevin Costner ist dabei die perfekte Verkörperung dieses Prinzips: ein Mann, dessen Extrovertiertheit jeden Rahmen sprengt, dessen Fröhlichkeit und Unberechenbarkeit bisweilen fast schon auf die Nerven fällt. Als hyperaktiver Gardner Barnes albert er herum, bleibt ständig in Bewegung, entwaffnet mit einem überaus ansteckenden Grinsen, das sein großes Vorbild Dennis Quaid nie wirklich verleugnen kann. Es ist ein ungewöhnlicher Kevin Costner, den man hier zu sehen bekommt; ein Mann, der das Introspektive seiner späteren Rollen kaum erahnen läßt. Nur selten kommt in *Fandango* das Versonnene zum Vorschein, die Hinweise, daß das körperbetonte Spiel nur ein Kürzel repräsentiert, die Fluchtreaktion eines Mannes, der weiß, daß seine Jugend ganz unweigerlich zu Ende gehen wird. Costner spielt diese wenigen Momente recht ergreifend, wird dabei jedoch konstant von einem Drehbuch eingeengt, das sein Spiel nicht aus sich heraus wirken lassen will, sondern sich in unnötigen Erklärungen verliert.

Die äußere Fröhlichkeit war es wohl auch, die das Studio dazu motivierte, *Fandango* auf der Schiene der Pennäler-Deflorationsfilme zu vermarkten. Das war der Film zwar beileibe nicht, wie man an den Reaktionen des Publikums sehr rasch bemerkte, doch zu diesem Zeitpunkt war es bereits zu spät: *Fandango* ging sang- und klanglos an der Kinokasse unter.

Costner selbst hat den Film jedoch in angenehmer Erinnerung und bezeichnet ihn nicht ganz zu Unrecht als einen seiner Favoriten. »Kevin Reynolds hat eine klare Vorstellung und einen guten Sinn für Humor. Er tut das, was er für richtig hält, und weigert sich strikt, anderen nach dem Maul zu reden. Der Verleih hat den Film schlicht und einfach weggeworfen. Larry Kasdan hat ein Band davon auf den *Silverado*-Set gebracht und meinte, das sei ein amerikanischer Kunstfilm. Aber er hat auch einige Schwächen, vor allem am Anfang. Sie haben versucht, zu vielen Leuten recht zu tun, und das Publikum, das den Film wirklich verstanden hätte, nahm Anstoß an diesen Szenen. Und die Massen, für die er gedacht war, haben den Film nie zu Gesicht bekommen.«[1]

Stärker noch als in *Fandango* sollte die physische Seite des Schauspielers jedoch in dem fünf Monate später anlaufenden *Silverado* zum Vorschein kommen. Zum ersten Mal sieht man ihn hier, wie er gerade im Gefängnis sitzt: Morgen soll er gehängt werden, weil er das falsche Mädchen »geküßt« hat und ein selbsterklärter Sittenwächter ihn von hinten abknallen wollte. Dieser Mann hätte allen Grund zur Depression, sollte man meinen, doch weit gefehlt: Jake alias Kevin ist alles andere als ein geknickter Todeskandidat; lieber sublimiert er seine Angst in körperlicher Aktion. Als sein Bruder Emmett ihn im Knast besucht, schaukelt er hektisch an der Decke, turnt an den Gitterstäben herum, hat insgesamt mehr Ähnlichkeit mit einem Schimpansen als mit einem Knasti.

Wer im Gefängnis schon so aufgekratzt ist, muß in der Freiheit ein echter Wirbelwind sein, und *Silverado* zögert keine Sekunde, das unter Beweis zu stellen. Nach geglücktem Ausbruch rast Jake wie toll durch die Straßen des kleinen Kavallerie-Außenpostens, wirbelt seine beiden Colts um den Zeigefinger, ballert aus schierer Lust aus der Freude eine Treppe kaputt.

Während die eigentliche Filmgeschichte ihren Fortgang nimmt und die nominellen Helden den Treck nach Silverado begleiten und dort rasch mit dem Sheriff und einem Rinderbaron aneinandergeraten, verschwindet Kevin Costner erst einmal für eine knappe Stunde aus dem Film, was das Drehbuch (eher ungeschickt) dadurch zuwegebringt, daß es Jake von den Schurken entführen läßt. Zum Schlußduell kreuzt Kevin Costner dann jedoch rechtzeitig wieder auf, breitbeinig an der Straßenecke stehend, mit gezieltem Schuß gleich zwei Schurken gleichzeitig umnietend – jubelnd über seine eigene Schlauheit, versteht sich.

Silverado bot Kevin Costner die Gelegenheit, sich voll auszutoben, was der Schauspieler nach Kräften ausnützte. Tatsäch-

Dreharbeiten zu »Silverado«. Kevin (3. v. r.) mit Danny Glover, Kevin Kline, Scott Glenn, Regisseur Lawrence Kasdan und Linda Hunt

lich hatte Kasdan ihm erlaubt, einen Großteil seiner Rolle zu improvisieren; nicht zuletzt wohl im Bewußtsein, daß der Part des Jake für die Geschichte an sich bedeutungslos war. Im Gegensatz zu seinen Partnern Scott Glenn und Kevin Kline besaß Costners Figur im Film weder eine zwielichtige Vergangenheit noch einen bösen Gegenpart; insofern war es durchaus konsequent, daß sich der Schauspieler allem In-Sich-Gekehrten hier völlig versagte. »Du bist selbst noch nicht erwachsen«, muß sich Jake an einer Stelle von einem kleinen Jungen sagen lassen.

Nach der Premiere hob die Kritik vor allem Kevin Costners Leistung hervor und erklärte ihn ohne Umschweife zum

»The Mission«. Eine Episode aus der TV-Serie «Amazing Stories«

Sexsymbol der Woche. Der Schauspieler selbst reagierte eher ungläubig auf seine neue Berühmtheit: »Als ich *Silverado* drehte, habe ich keinen Moment lang darüber nachgedacht, ob meine Rolle irgendeine Wirkung auf die Frauenwelt ausüben würde. Bei meinen Vorbereitungen habe ich mich entschlossen, mit der Natur zu konkurrieren. Da meine Figur nichts mit den anderen Typen auf der Leinwand zu tun hatte, brüllte ich einfach die Hügel an und so. Später, als man mir sagte, daß die Frauen sowas schätzen würden, war ich echt schockiert. Es war eine gute Lektion: Man kann nie vorhersagen, was die Leute denken werden.«[2]

Wie recht er damit haben sollte, zeigte sich, als *Silverado* an den amerikanischen Kinokassen sehr schnell den Bach hinunterging. Tatsächlich wirkt Kasdans Film unter dem Strich nicht so sehr wie eine Renaissance des Western als wie ein (mißglückter) Versuch, die Formeln des Spielberg'schen Metakinos an einem neuen Genre zu erproben: *Silverado* ist ein Sammelsurium sämtlicher Situationen und Figuren des klassischen Western, das nie zu irgendeiner Geschlossenheit findet und des öfteren wirkt wie ein überlanger Trailer. Unterhaltsam ist das Ganze zweifellos, nicht zuletzt wegen der für Kasdan typi-

Der Wirbelwind schlägt zu. Mit Kevin Kline in »Silverado«

schen Reversals (In einer Szene sieht man, wie Scott Glenn Zielübungen auf einen Kaktus veranstaltet: In der Halbtotalen sieht es zunächst so aus, als würde er laufend verfehlen; erst eine Nahaufnahme enthüllt, daß er in Wahrheit die Stacheln am Blätterrand abschießt). So liegen die Mängel von *Silverado* eher zwischen den Bildern: Letztlich macht Kasdan niemals klar, wieso es – abgesehen von einem allgemeinen Faible für das Genre – für ihn unumgänglich war, diesen Film zu drehen. Für Costner jedenfalls bedeutete das schlechte kommerzielle Abschneiden des Films das zweite Aus, wenngleich die Berichte in der Boulevardpresse ihre Wirkung nicht verfehlten und die Fanpost für den Schauspieler allmählich zunahm.

Blieb die Hoffnung auf den dritten Film, der nur einen Monat nach Kasdans Westernepos in die Kinos kam. Nach den sehr extrovertierten Figuren in *Silverado* und *Fandango* stellte der Part des Marcus Sommers dem Publikum einen durchaus anderen Kevin Costner vor. Äußerlich zeigte sich der Unterschied bereits daran, daß der Schauspieler diesmal einen Schnurrbart trägt; auch die Rolle selbst heischte deutlich weniger nach Sympathie als ihre Vorläufer. In *American Flyers* verkörpert Costner einen Sportarzt und ehemaligen Radrennfahrer, der sich seit dem Tod seines Vaters mit der Mutter überworfen hat. Seine einzige Sorge gilt mittlerweile seinem Bruder David (David Grant), der möglicherweise an demselben Gehirntumor leidet wie der Vater. Gegen seinen Willen motiviert er ihn schließlich dazu, an dem Dreitagesrennen »Hell of the West« teilzunehmen.

Seine eigentlichen Motivationen bleiben dabei reichlich rätselhaft; tatsächlich wirkt dieser Marcus Sommers die ersten beiden Drittel des Film eher unsympathisch und kaltschnäuzig. Es spricht für Kevin Costners Talent, daß er dennoch (oder gerade deswegen) interessant bleibt. Mehr noch als in *Fandango* übt sich der Schauspieler in diesen Szenen als Projektionsfläche für die Entschlüsselungsversuche des Zuschauers, ersetzt das platte »So ist es« durch subtile Andeutungen besonders in den sehr physischen Szenen des eigentlichen Radrennens. Kurz

Extrovertiert und aufgekratzt, eine klassische Costner-Pose. Ironischerweise wurde der flinke Sprung über den Bartresen aus dem fertigen Film gestrichen

darauf verrät das Drehbuch seine Bemühungen jedoch, offeriert genau jene Fakten, von denen Kevin Costner der Ansicht war, der Zuschauer müßte sie sich selbst zusammenreimen: Nicht David, sondern Markus ist es, der an einem Gehirntumor leidet. In Windeseile reduziert sich die ambivalente Figur so zum landläufigen Hollywood-Klischee des guten Menschen, der seinen Angehörigen Enttäuschungen ersparen will und seine grenzenlose Fürsorge hinter einer Maske der Schroffheit verbirgt.

Ohnehin ist *American Flyers* ein Film der überdeutlichen

»American Flyers«. Mit David Grant

Bilder und Anspielungen. Passend zum Familienstreit ergießt
sich symbolisch das Gulasch auf den Küchenboden, selbst die
Botschaft wird gleich zu Anfang totgetreten: Es geht um den

Sieg über den Konjunktiv, über das »Ich hätte, wenn nicht« und das »Ich könnte, wenn«. Dieser Sieg freilich ist ein sehr amerikanisch definierter: Natürlich ist der Gewinn des »Hell of the West« wichtiger als die kontemplative Shinto-Philosophie, der David zu Beginn des Films nachhängt; und natürlich ist der persönliche Sieg immer auch ein Sieg für Amerika. In demonstrativen Montagen weist Badham seine Radsportler als Fortsetzung des uramerikanischen Cowboys aus, der zu Pferde über saftige Wiesen galoppiert; selbstredend verfällt die hübsche Becky, die zu Anfang des Filmes noch mit Müsli-Trampern durch die Lande zog, dem Charme des neu erwachten David, bevor sie mit ihm zu den Klängen der US-Nationalhym-

Zur Abwechslung mal mit Schnurrbart.

ne (»Unser Lied«) eine Liebesnacht erlebt; selbstredend fährt der »böse« Radrennfahrer explizit *nicht* für Amerika, weil er sich seinerzeit bei den Olympischen Spielen betrogen fühlte. Letztlich war *American Flyers* wohl selbst für einen Badham-Film zu plakativ, das Thema für die USA zu exotisch, um an der Kinokasse zu mehr als einem Achtungserfolg zu werden.

1985 endete für Kevin Costner schließlich, wie es begonnen hatte: mit dem Auftritt in einer Spielberg-Produktion. Mitte des Jahres hatte dieser bei ihm angefragt, ob er nicht eine Gastrolle in einer Episode der geplanten *Amazing Stories* (Unglaubliche Geschichten) übernehmen wollte. Die Entscheidung war ihm nicht schwergefallen: Einerseits hatte Kevin seit jeher nicht viel vom Fernsehen gehalten, andererseits jedoch würde Steven Spielberg höchstpersönlich die Regie der geplanten Epi-

»American Flyers«. Siegen für Amerika

»The Mission«. Nach der geglückten Landung begutachtet Kevin Cost-ner Spielbergs neuestes Wunder mit gebührlichem Staunen

soden übernehmen und das ließ alle anderen Bedenken un-wichtig erscheinen.

Als »The Mission« schließlich am 3. November von NBC ausgestrahlt wurde, hatte die Kritik *Amazing Stories* bereits in der Luft zerrissen. Als Neuauflage der berühmten Anthologien eines Rod Serling geplant und entsprechend massiv umwor-ben, blieb die Serie nach ihrem Start am 29. September weit hinter den Erwartungen zurück. Allenthalben wurde bemän-gelt, daß die Serie Spielberg im wesentlichen als Schuttablade-platz für jene Ideen diene, die sich nicht zu einem kompletten Film ausbauen ließen; auch die *twist endings* und raffinierten Schlüsse, aufgrund der vielen Reversals in Spielbergs eigenen Filmen längst selbst zu einem Klischee geworden, bekamen ihr Fett weg.

»The Mission« entpuppte sich als in vieler Hinsicht typisch für die Schwächen der Serie. Kevin spielt darin den Captain eines Kampfbombers im 2. Weltkrieg, dem beim Heimflug das Fahrgestell weggeschossen wird. Kompliziert wird die Angelegenheit dadurch, daß ein junger Soldat in der Geschützkanzel am Bauch der Maschine eingeklemmt ist und bei einer Bruchlandung unweigerlich zerquetscht werden würde. Kraft seiner Phantasie kann der Soldat, ein begeisterter Comic-Zeichner, jedoch in letzter Sekunde Zeichentrickräder an das Flugzeug malen, die gerade solange bestehen bleiben, bis der letzte Mann von Bord gegangen ist. Aufbrandende Musik, glitzernder Sternenstaub und reichlich Ohh und Ahh seitens der Besetzung machen dann noch einmal dem Dümmsten klar, daß er soeben ein Wunder gesehen hat – ein Wunder Marke Spielberg. Für Kevin Costner hatten sich damit die Befürchtungen bestätigt: Zwar konnte er sich nach *Silverado* mittlerweile der wohlwollenden Aufmerksamkeit der Boulevardpresse sicher sein, an den eigentlichen Tatsachen änderte sich jedoch nichts. Seine ersten drei großen Filme hatten sich zu Flops entwickelt.

Spiel um die Macht

*»Die Figur des Eliot Ness hat einiges mit mir gemein.
Man kann mich ein wenig manipulieren, aber ausnützen
kann man mich nicht. Man kann mich herumschubsen,
die ganzen hundert Meter, aber da ist auch ein Zenti-
meter, der mir allein gehört, und es ist keine gute Idee,
in dieses Gebiet einzudringen. Manchmal habe ich
selber Angst vor dieser häßlichen Seite meiner selbst.
Ich fühle mich nicht schnell bedroht, weshalb ich auch
dieses Image projiziere, aber es kann schon mal den
Punkt erreichen, wo Sie sagen werden: Hey, das ist
doch nicht der wahre Kevin. Wenn mich andererseits
jemand um mehr Zeit bittet, dann gebe ich ihm mehr
Zeit. Die Worte › Bitte ‹ und › Tut mir leid ‹ bedeuten mir
eine Menge. Sie können mir etwas wirklich Fürchterli-
ches tun und ich reagiere auch entsprechend, aber wenn
Sie anschließend vorbeikommen, mir in die Augen
sehen und sagen, daß es Ihnen leid tut, zerfließe ich
förmlich, auch wenn Sie gerade voll über meine
Gefühle gekotzt haben.«*

KEVIN COSTNER

Im April des Jahres 1986 stand Kevin Costner einmal mehr vor den Kameras, diesmal auf Bühne 27 der alten MGM-Studios in Culver City. Sein vierzehnter Film trug den Titel *No Way Out*, inszeniert wurde er von dem Neuseeländer Roger Donaldson. In Pressemitteilungen ließ das Studio verlauten, daß es sich bei *No Way Out* um eine Neuauflage von *The Big Clock* (Spiel mit dem Tod) aus dem Jahre 1947 handeln würde, der Geschichte eines Journalisten, der im Auftrag seines Verlegers dem Mörder dessen Geliebter nachstellt und im Laufe seiner Recherchen herausfindet, daß der Mörder kein Geringerer als der Verleger selbst war. Donaldsons Remake spielte in den Korridoren des Pentagon, aus dem Journalisten war ein Sonderagent geworden, für die freizügigeren Achtziger wurde schließlich noch der erotische Aspekt deutlicher herausgearbeitet. Bald schon berichtete die Klatschpresse von ausgesprochen »heißen« Sexszenen zwischen Costner und seiner Partnerin Sean Young.

Auch in anderer Hinsicht war bei den Dreharbeiten wieder einmal Kevins physisches Talent gefordert: In einer Szene sollte er auf der Flucht vor einem »Sonderkommando« über den Kühler eines heranrasenden Wagens springen; ein Stunt, gegen den die Versicherungsgesellschaft heftige Einwände erhob, die dann jedoch ungehört blieben. In einer anderen Szene sollte der Schauspieler dann mit dem Wagen eine Einfahrt in falscher Richtung emporrasen. Donaldson wies seinen Star an, es »so zu spielen, daß hinterher niemand mehr mit dir in den Wagen steigen will. Das tat ich denn auch. Später am selben Tag sagte ich dann zu ihm: › Komm, fahren wir!‹ Er meinte nur: › Kommt gar nicht in Frage ‹. Ich hatte den Eindruck, daß ich meinen Job recht gut erledigt hatte.« [1]

Als *No Way Out* im Juli in die Nachbearbeitung ging, steckte Kevin bereits tief in den Vorbereitungen für seinen nächsten Film. Nach seinem künstlerischen Erfolg mit *Melvin and Howard* (Melvin und Howard) hatte der Produzent Art Linson einen Vertrag mit der Paramount abgeschlossen und zu seinem Einstand ein Skript des Pulitzer-Preisträgers David Mamet

Vielsagende Blicke, schnelle Kürzel. Mit Sean Young in »No Way Out«

mitgebracht. Darin ging es um die Geschichte der »Un touchables«, jener unbestechlichen Sonderagenten, die sich im Amerika der Prohibitionszeit auf die Jagd nach Al Capone gemacht hatten. Um sich deutlich von dem 1959 gedrehten Fernseh-Zweiteiler und der danach entstandenen, unter dem Titel *Chicago 1930* auch bei uns gelaufenen Fernsehserie abzuheben, hatte Mamet den Stoff weniger als Tatsachenbericht denn als mythisch überhöhtes Porträt einer amerikanischen Legende gezeichnet.

Die Wahl der Schauspieler reflektierte diesen Ansatz nur zu deutlich. Für die Rolle des Al Capone hatte Linson Robert de Niro gewinnen können, als Mentor der Unbestechlichen sollte kein geringerer als Sean Connery auftreten. Blieb schließlich noch die Zentralfigur des Eliot Ness, des Anführers der Unbestechlichen: Aus Kontrastgründen schwebte Linson dabei ein blonder Schauspieler vor, der sowohl den Idealismus eines jungen James Stewart als auch die ruhige Kraft eines Gary

»The Untouchables«. Mit Andy Garcia, Sean Connery und Charles Martin Smith

Cooper glaubwürdig verkörpern konnte. Dafür kam ihm Kevin Costner gerade recht, der sich der Herausforderung einer eher introspektiven Rolle nach den dynamisch-aufgekratzten Helden eines *Silverado* oder *Fandango* gerne stellte. »Es war die schwierigste Rolle, die ich bis dahin gespielt hatte, weil ich sichergehen wollte, daß genügend Leben in ihm steckt. Andererseits wollte ich ihn nicht dadurch sabotieren, daß ich zuviel Charme in ihn investierte. Die Herausforderung liegt darin, die Menschen dazu zu bringen, einen so zu schätzen, wie man wirklich ist, wie Eliot Ness wirklich war. Tatsache ist, daß eine ganze Menge Leute ihn nicht leiden konnten, weil er einem sehr unpopulären Gesetz Geltung verschaffte. Will sagen, er hat einfach die Party verdorben. Am Anfang dachte ich noch, daß ein naiver Eliot reichlich unsympathisch wirken würde. Die Gangster sind sehr glorreich anzusehen, man muß sie einfach mögen. Vielleicht sah auch David Mamet diesen Eliot anfangs als Figur, mit der man sich nicht identifizieren kann. Am Ende aber, wenn der Part auf einmal sehr häßlich wird, übernimmt der Typ, den sie da eingeladen haben und der sich

Der erste Bust des Kreuzritters fällt ins Wasser. »The Untouchables«

zunächst wie ein fürchterlicher Langweiler benommen hat, auf einmal die Kontrolle. Und sie sind glücklich, daß er da ist. Am Ende wird er echt gewalttätig, nimmt das Gesetz in die eigene Hand. Es braucht einfach seine Zeit, bis man mit ihm warm wird.«[2]

Die Dreharbeiten selbst lagen vom Umfang und der Logistik deutlich über allem, was Kevin Costner bis dato erlebt hatte; bisweilen sah es gar so aus, als ob die Crew ganz Chicago für sich reklamieren würde. Gedreht wurde unter anderem an der Roosevelt University und im Chicago Theatre, die im Film als Capones Domizil einsprangen; für die Schlüsselszene im Bahnhof sperrte man zwei Wochen lang einen Teil der Union Station. Sechzig Oldtimer, einhundertfünfundzwanzig Stati-

Duell divergierender Schauspielstile. Mit Sean Connery in »The Untouchables«

66

*Ausflug in Western-Gefilde. Die Unbestechlichen folgen Capones Gano-
ven an die kanadische Grenze*

sten, fünfundsiebzig Stuntmen, 400 Maschinengewehre, Re-
volver und Gewehre, 50.000 Kugeln und eine ansehnliche
Menge TNT taten dann das Übrige. Insgesamt kostete *The
Untouchables* 24 Millionen Dollar, Kevins teuerster Film bis
dato. Nicht unwesentlich zu seiner Nervosität trug im übrigen
auch die Tatsache bei, daß er mittlerweile erneut Vater geworden war – Familie Costner hatte die zweite Tochter auf den
Namen Lily getauft.

Die Unwägbarkeiten der Studio-Terminplanung brachten es
schließlich mit sich, daß *The Untouchables* rund einen Monat
vor dem früher gedrehten *No Way Out* in die Kinos kam. Brian
de Palmas Film beginnt mit einer Aufnahme des feist und fett
in einem Rasierstuhl sitzenden Al Capone, der einer willfäh-
rigen Reporterschar gerade seinen Standpunkt zum Thema
Verbrechen darlegt. Robert de Niro übertreibt (nicht nur) in

dieser Szene schamlos und bestimmt damit zugleich das zentrale Duell des Films. Nicht um Gut gegen Böse wird es in *The Untouchables* gehen, sondern um den Kampf zweier schauspielerischer Ansätze: hemmungsloser *ham* gegen kontrolliertes Unterspielen. Als Kontra erscheint daher sogleich Eliot Ness, wie er aus seinem geradezu widerlich intakten Familienleben in die blutigere Welt des ersten Arbeitstages als Sonderagent bei der Chicagoer Polizei tritt. In seiner Begrüßungsrede an die Sondereinheit bietet Kevin Costner ein Muster falscher Jovialität, ein Exempel an Überheblichkeit, Selbstgerechtigkeit und Scheinheiligkeit, und da die Sympathien des Kameravirtuosen Brian de Palma seit jeher allem Hemmungslosen gilt, ist es nur folgerichtig, wenn dieser Eliot Ness in Windeseile eine Abrechnung bekommt. Eine erste Razzia entwickelt sich zur Katastrophe, statt des gesuchten Whiskys enthält das mit enormem Aufwand aufgebrochene Lagerhaus nur chinesische Regenschirme. Als ein tief geknickter, von Selbstzweifeln geplagter Ness über eine einsame Brücke nach Hause geht, tritt das dritte und letzte Element des Films in Erscheinung: Sean Connery als irischer Cop Malone, der dem Sonderagenten einige gute Ratschläge mit auf den Weg gibt.

Die Lektionen können beginnen. »Wenn er mit dem Messer kommt, kommst du mit der Knarre; wenn er einen von deinen Jungs ins Krankenhaus schickt, schickst du einen von seinen ins Leichenhaus« – Eliot alias Kevin saugt diese Bonmots aus dem Mund Malones begierig in sich auf. Denn natürlich hat er gelogen, ganz zu Anfang des Films, als er noch mit treuem Blick verkündete, daß er alle Möglichkeiten ausschöpfen werde, die ihm das Gesetz biete. Wie jeder gute Bürger wird er mehr tun, als Capone die unantastbare Familie bedroht. So wird aus Eliot Ness im weiteren Verlauf des Films ein Kevin Cooper: A man's gotta do what a man's gotta do.

Zunächst goutiert er die Lektionen überhaupt nicht. Als er an der kanadisch-amerikanischen Grenze, in einer Landschaft, die aus *Silverado* stammen könnte, die Waffe auf einen Ganoven

Die guten Bürger im Gruppenbild. Mit Charles Martin Smith, Sean Connery und Andy Garcia

richtet, der die dem guten Bürger angeborenen Regeln des Fairplay offensichtlich nicht beachten will und deshalb *point blank* erschossen werden *muß*, steht Eliot/Kevin für einen Moment das blanke Entsetzen im Gesicht: Der Traum vom Rächer ist kein sauberer Traum, wenngleich er, dem kristallklaren Drehbuch David Mamets zufolge, auch ein notwendiger sein mag. Erst als Eliot/Kevin dies realisiert hat, darf auch Malone seinen (blutigen) Abgang nehmen.

Als letzter Beleg folgt schließlich noch eine hervorragende Sequenz im Bahnhof, die so offenkundig Eisensteins *Panzerkreuzer Potemkin* zitiert, daß es selbst dem Unkundigsten auffallen mußte. Kein Ton ist zu hören, alles läuft in Zeitlupe,

Potemkinsche Bilder. Brian de Palma hatte die berühmte Sequenz am Bahnhof bewußt nach Eisensteins Klassiker inszeniert

dieweil Eliot/Kevin das Baby rettet, die Bösen erschießt und Capones Buchhalter vor den eigenen Leuten bewahrt. Am Ende ist der Traum durchlebt, der Held darf beides sein: Gütiger Familienvater und eiskalter Rächer. In der finalen Sequenz hetzt Eliot Ness den Mörder seines Freundes Malone auf das Dach des Gerichtsgebäudes und wirft ihn nach gebührlichem Zögern in die Tiefe.

The Untouchables entwickelte sich mit 36,8 Millionen Dollar Nettoeinspiel zum fünfterfolgreichsten Film des Jahres. Zwar konzentrierten die meisten Besprechungen ihr Lob auf die auffälliger gestalteten Nebenrollen (Sean Connery wurde für seinen Malone im darauffolgenden Jahr mit dem Oscar ausgezeichnet), dennoch ist auch die Leistung Costners nicht zu unterschätzen. In seinem Wandel vom braven Familienvater zum schonungslosen Racheengel ist kein offensichtlicher Bruch; immer wieder läßt er durchblicken, daß hinter dem glatten Buchhaltergesicht ein Vulkan brodelt, den man besser nicht zur Eruption bringen sollte. Natürlich ist Costners Eliot Ness die auf ihre Essenz reduzierte, durchaus zwiespältige Kinovision eines solchen Mannes; da andererseits der gesamte Film von solchen Essenzen erzählt, nichts weiter sein möchte als ein Spiel mit den Vorstellungen von Gut und Böse, die sich nur eben zufällig in der Geschichte von Al Capone und Eliot Ness nach Meinung aller Beteiligten am besten artikulierten,

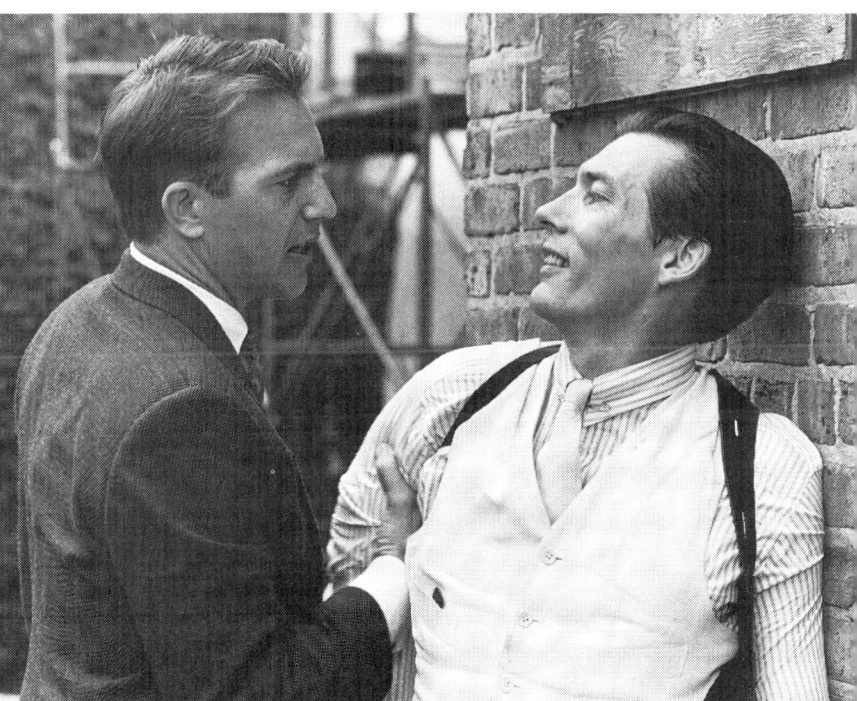

Der Familienvater wird zum Racheengel. Eliot Ness (Kevin Costner) und der Mörder seines Freundes Malone (Billy Drago)

lohnt es sich wohl kaum, hierüber allzusehr ins Moralisieren zu kommen.

Um Spiele ging es dann auch in dem nur einen Monat später anlaufenden *No Way Out*: Spiele der Macht vor allem, wenngleich auch das Spiel mit der Erotik nicht zu kurz kam. Eine unerwartete Aktualität erhielt Donaldsons Thriller dabei durch die Aufdeckung des Irangate-Skandals und den sich anschließenden Aufstieg des Oliver North zum kurzlebigen *folk hero*. Kevin selbst beschrieb seine Rolle so: »Der Film dreht sich um eine Figur, die sehr tief in der Scheiße steckt und einfach nicht mit all den Mächten fertig wird, die sich gegen ihn verschworen haben. Doch dann kämpft er zurück, und man erkennt allmählich, daß mehr in ihm steckt, als man zunächst erwartet hat. Es fiel mir schwer, so viele Dinge verstecken zu müssen. Die Figur steckte voller Geheimnisse, er ließ einen nicht an sich heran. Wenn es nach meinem Herzen gegangen wäre, hätte ich lieber die Art von Figuren gespielt, die um mich herum agierten – der Film hatte eine ganze Menge davon – anstatt nur jenen Typ, den jedermann als Prellbock benützt. Gene Hackman und Will Patton waren einfach toll: Sie hatten die auffällige Art von Wut zu spielen. Aber es gab auch reichlich Szenen für mich.«[3]

In der Tat gehört die erste Viertelstunde des Films einzig und allein Kevin Costner. Nach einer langen Kamerafahrt über die Machtbezirke Washingtons und einem kleinen Zwischenspiel in einem Landhaus, dessen Bedeutung erst am Ende von *No Way Out* klar werden wird, gibt er uns zunächst einen Crash-Kurs in den sexuellen und politischen Intrigen dieser anderen Welt: Gekonnt gabelt Tom Farrell – so nennt sich der Sonderagent, den er verkörpert – auf dem Amtseinführungsball des neuen Präsidenten eines jener hochbezahlten Anhängsel namens Susan (Sean Young) auf, die in diesen Kreisen überall zu finden sind. Das Ende kann jedermann vorhersagen, der schon einmal im Kino war, und so hält sich das Drehbuch gar nicht lang mit lästigen Details auf: Dreißig Filmsekunden nach dem Aufgabeln kommt es auf dem Rücksitz einer Limousine zum

»No Way Out«. Als Sonderagent Tom Farrell, der auf Geheiß seines Vorgesetzten nach sich selber fahndet

obligaten Quickie, eine gemeinsame Bootsfahrt übers Wochenende, illustriert in hübschen Bacardi-Bildern, deutet dann in vertrauter Kürzelform die erwachte Liebe zwischen Tom und Susan an.

Als man sich schon fast in einem Werbespot wähnt, nimmt das Plot allmählich Gestalt an. Susan, so stellt sich heraus, ist die

»No Way Out«. Tom Farrell hat die Intrigen seines Chefs (Gene Hackman) und dessen Beraters (Will Patton) aufgedeckt

Geliebte des Verteidigungsministers David Brice (Gene Hackman), der die Übergriffe auf sein Territorium mit Mord quittiert. Um den Mann nicht zu kompromittieren, ersinnt sein Berater Pritchard (Will Patton) einen überkomplizierten Plan: Der Mord wurde »in Wahrheit« von einem KGB-Maulwurf namens Juri begangen, der kurz vor Brice bei Susan gewesen sein soll. Aufspüren soll diesen Juri kein anderer als Farrell, der sich auf einmal in die wenig beneidenswerte Lage versetzt sieht, mit Hilfe modernster Kriminaltechnologie Jagd auf sich selbst machen zu müssen.

Nach dem ersten Schock illustriert Kevin Costner dieses Dilemma fast ausschließlich über seine Mimik. Er setzt einen gehetzten Ausdruck auf, der in der Folge nur wenig variiert und im Rahmen der inszenatorischen Yuppie-Attitüden bisweilen wie eine unfreiwillige Parodie auf Don Johnson wirkt. Was ihm so mancher Kritiker hernach als Beckett'sche Taktik ankreidete, als die Pose eines Stand-Ins für den echten Star, der niemals auf dem Set auftaucht, war indes eine bewußte Entscheidung

Impressionen aus der Yuppie-Werbewelt. Mit Sean Young

Ein überkompliziertes Plot in Action aufgelöst: »No Way Out«

Costners. »Ich bin der Ansicht, daß man mir sehr viel durch-
gehen läßt, auch wenn ich mich in meinem Spiel sehr zurück-
halte. Das hat jedoch nichts mit der Ansicht vieler Schauspieler
zu tun, die Angst davor haben, ihr Ein und Alles auf der
Leinwand zu geben, weil es angeblich irgendwie uncool wäre.
Das ist Mist! Der Kniff liegt darin, erst einmal herauszufinden,

wieviel man überhaupt geben kann und sich dann ein wenig zurückzuhalten.«[4]

Während der Kreis um Farrell allmählich enger wird, erreicht das Plot von *No Way Out* schließlich den Punkt, wo es so unübersichtlich geworden ist, daß es sich nur noch in rasanter Action auflösen läßt. In diesen Szenen bringt Costner dann einmal mehr das physische Element seines Images zum Einsatz, läuft durch Korridore, springt über heranrasende Autos und hohe Mauern, versteckt sich in Lüftungsschächten. Dieses tut er zwar nicht schlecht, den insgesamt recht faden Nachgeschmack verhindern kann er freilich nicht.

Überraschenderweise kam Donaldsons postmoderne Kreuzung aus Schwarzer Serie und *Miami Vice* bei einem Teil der Kritik relativ gut weg, obwohl der Film mit 15,5 Millionen Dollar Einspiel an den Kinokassen eher ein mäßiger Erfolg wurde. Die Boulevardpresse wiederum stürzte sich erwartungsgemäß auf die einleitende, für europäische Verhältnisse recht züchtig inszenierte Szene in der Limousine und spielte den Star einmal mehr zum Sexsymbol der Stunde hoch. Kevin nahm die Sache, wie schon bei *Silverado*, recht gelassen und versuchte in einigen Interviews den Eindruck wenn schon nicht zu dementieren, so doch zumindest abzuschwächen.

»Für sexy halte ich mich in diesem Film überhaupt nicht, schon allein wegen der Stoppelfrisur. Und außerdem spiele ich eine Figur, die sehr viel älter ist als ich selbst. Ich küsse das Mädchen so wie ich sie gerne küssen würde, nicht weil ich es für sexy halte. Kann natürlich sein, daß es dadurch überhaupt erst sexy wirkt.«[5]

Die Vereinigung amerikanischer Theaterbesitzer sah die Sache begreiflicherweise etwas anders und wählte ihn zum »Star von morgen«. Nach mehreren Fehlzündungen befand sich der Stern des Kevin Costner endgültig im Aufstieg.

Durchbruch zur amerikanischen Seele

*»Ich glaube an eine Seele, an einen Schwanz, eine
Muschi, den verlängerten Teil des weiblichen Rückens,
an linke Curveballs, Aufbaustoffe, guten Scotch.
Außerdem glaube ich, daß die Bücher von Susan Sontag
dümmliche Selbstbeweihräucherungen sind und daß
Lee Harvey Oswald eine Einmannverschwörung war.
Und ich glaube an die Notwendigkeit eines Bundes-
gesetzes, das Kunstrasen und designierte Hitter
verbietet. Ich glaube an heitere, natürliche Pornogra-
phie und daran, daß man seine Weihnachtsgeschenke
morgens und nicht abends auspacken sollte.
Und ich glaube an nie enden wollende, sanfte, feuchte
Küsse, die drei Tage lang dauern.«*

CRASH DAVIS in *Bull Durham*

»Kusch! Zurück in die Sechziger, wo du hingehörst!«

TERENCE MANN in *Field of Dreams*

Nach *The Untouchables* und *No Way Out* hatten sich die Engpässe in den Rollenangeboten ein für allemal aufgelöst; in den nächsten beiden Jahren sammelten sich die Drehbücher geradezu stapelweise auf Kevin Costners Schreibtisch. Um so überraschter zeigten sich daher die meisten, als der Schauspieler in der Folge eine Reihe potentieller Hits wie Penny Marshalls *Big* (Big) und Martin Brests *Midnight Run* (Midnight Run – Fünf Minuten bis Mitternacht) ablehnte und sich statt dessen das Skript eines Baseball-Films zu seinem nächsten Projekt erkor.

Nach dem Grund gefragt, kam die Sprache immer wieder auf sein jugendliches Interesse an der Sportart. »Was mich an Sportfilmen schon immer geärgert hatte«, führte er dann weiter aus, »war die Tatsache, daß die Schauspieler nie so aussahen, als ob sie das Spiel tatsächlich beherrschten. Als Tony Perkins in *Fear Strikes Out* (Die Nacht kennt keine Schatten) einen Flugball mit aneinandergepreßten Handgelenken fangen wollte, war das zweifellos der absolute Tiefpunkt dieses Genres.«[1] So sagte Kevin auch deshalb zu, weil er halbwegs sicher sein konnte, daß dem ehemaligen Halbprofi und jetzigen Regisseur Ron Shelton derlei Fehler bei *Bull Durham* nicht passieren würden.

Auf den ersten Blick war die Rolle des abgehalfterten Spielers Crash Davis eine durchaus riskante Entscheidung. Baseball-Filme hatte traditionell keine große Karriere an der amerikanischen Kinokasse; tatsächlich war *Bull Durham* von allen großen Studios abgelehnt worden, bevor sich Orion schließlich für Sheltons Skript erwärmte. Unmittelbar nach Unterzeichnung des Vertrags traf sich Kevin mit dem Regisseur, der ihn zur Probe in einen *batting cage* steckte. Der Star, der als Junge auf dem Sportplatz bisweilen erwähnt hatte, daß er später Baseball-Profi werden würde, bestand den Test ohne große Schwierigkeiten.

Die Dreharbeiten begannen am 5. Oktober und dauerten gerade eben acht Wochen. Wie es sich für ein neues Sexsymbol gehörte, stand dabei natürlich auch eine entsprechende Se-

»No Way Out«. Tom Farrell auf der Flucht vor dem Sonderkommando

quenz mit seiner Partnerin Susan Sarandon auf dem Plan. »Ich glaube nicht, daß sich irgend jemand bei solchen Szenen wohlfühlt«, ließ er hinterher ganz kühl verlauten. »Zum einen hat die Schauspielerin einen riesigen Nachteil, da man normalerweise die Frau häufiger zeigt als den Mann. Von daher wollte ich mich nicht in diesen Szenen verlieren und damit unabsichtlich etwas enthüllen, das zu enthüllen den Damen vielleicht nicht recht war.«[2]

Bull Durham startete im folgenden Juni zu einheitlich enthusiastischen Kritiken, von denen manche den Film gar mit den Meisterwerken eines Preston Sturges verglichen. In den USA und Kanada spielte er ansehnliche 21,9 Millionen Dollar ein, auf den internationalen Märkten ging er dagegen unter wie ein Stein.

»Bull Durham«. Das Sexsymbol und seine neue Eroberung (Susan Sarandon)

Primär hatte das wohl damit zu tun, daß der Film seinem Thema zu treu geblieben war. Nominell dreht sich die Story um die Affären des Baseball-Groupies Annie Savoy, die jede Saison einem anderen Spieler ihre sexuelle Gunst gewährt und sich zu Anfang wieder einmal vor der Qual der Wahl sieht: Da ist zum einen Ebby Calvin »Nuke« LaLoosh (Tim Robbins), ein junger Werfer mit ausgesprochen starkem Arm und ausgesprochen schlechter Zielsicherheit, der zwar Annies Koketterien zu würdigen weiß, ansonsten jedoch nicht darauf erpicht ist, vor dem Liebesakt stundenlang Geschichten von Walt Whitman anzuhören. Und da ist zum anderen der altgewordene Crash Davis, der soeben vom Manager der Durham Bulls zum persönlichen Trainer Ebbys ernannt worden ist, ebenfalls ein Auge auf Annie geworfen hat und mitunter sogar »in einem Buch liest, das nicht nur Bilder hat«, sich ansonsten aber auch nicht scheut, das überkandidelte Groupie verbal herunterzuputzen. Schnell baut sich das klassische Liebesdreieck auf, dessen wechselhafter Verlauf hauptsächlich dadurch geschildert wird, wer auf dem Spielfeld auf wessen kryptisches Zeichen hört. Größere *set pieces* und dramatische Matches, die über Auf- und Abstieg entscheiden, gibt es nicht; die Durham Bulls bleiben bis zum Ende in der Minor League kleben. So steht alles in *Bull Durham* letztlich im Zeichen des Baseball, die Geschichte ebenso wie die Figuren und ihre Beziehungen zueinander. Tatsächlich formuliert Shelton seinen Film derart konsequent in einer abstrakten Baseball-Terminologie, daß sich der Film dem Nichteingeweihten rigoros entzieht, ähnlich geheimnisvoll bleibt wie Annies obskure Bemerkungen: als ob »ein Marsmensch mit einem Pilz spricht«.

So entwickelt sich *Bull Durham* rasch zu einer zweckfreien Plattform für Kevin Costner, der in zahlreichen Vignetten sein schauspielerisches Talent vor dem Zuschauer ausbreitet. Sein Crash Davis ist ein Mann, der bessere Zeiten gesehen hat und nun ob der heranrückenden Midlife-Crisis den Kopf zu verlieren droht. Mal kultiviert er eine extreme Gleichgültigkeit, die sich scheinbar durch nichts aus der Ruhe bringen läßt; im

Posen eines neuen Stars. »Bull Durham« bot ein Panorama typischer Costner-Szenen

nächsten Moment rennt er mit Kriegsbemalung über das Spielfeld und läßt sich aus reiner Freude am Gefühlsventil auf ein drastisches Wortduell mit dem Schiedsrichter ein; als Ebby ihm gegen Ende des Films freudestrahlend verkündet, daß er in die

Major League aufgenommen wurde, verfinstern sich die Züge spontan zu höchster, aus Neid geborener Aggression; dann wieder beherrscht er sich mit der Selbstdisziplin des coolen Leinwandhelden klassischen Zuschnitts, bevor er Annie Savoy gegen Ende so gierig auf den Küchentisch wirft, daß selbst Jack Nicholson in *The Postman Always Rings Twice* (Wenn der Postmann zweimal klingelt) neidisch werden könnte. Es steckt mehr als nur eine Spur Selbstgefälligkeit in diesen Belegen schauspielerischer Vielfalt, und im Grunde akzeptiert man diesen Crash Davis nur, weil er quasi die Summe der Unberechenbarkeit aller bisherigen Costner-Figuren repräsentiert.

Bull Durham war das auslösende Moment für alle späteren Legenden um den »Rebellen« Kevin Costner. Immer wieder wurde fortan lobend vermerkt, daß er trotz des Erfolges seinem Herzen treu geblieben war und seinen Star-Appeal vor allem dafür einsetzte, Außenseiterprojekte zu fördern, und wie so viele Legenden enthält auch diese zweifellos ein Körnchen Wahrheit.

Richtig ist sicher, daß *Bull Durham* durch Kevin Costners Interesse sehr viel dichter an das grüne Licht des Studios heranrückte. Richtig ist wohl aber auch, daß Sheltons Baseball-Dreieck aus dem Blickwinkel moderner Hollywood-Finanzpolitik keineswegs ein so großes Geschäftsrisiko darstellte, wie es auf den ersten Blick erscheinen mochte. Tatsächlich bewegte sich das Budget von *Bull Durham* mit zehn Millionen Dollar deutlich unterhalb der Schmerzgrenze für Orion, die in diesen Jahren für kommerziell nicht minder unsichere Projekte (*The Bounty*, *Remo Williams ... The Adventure Begins*, *The Unbearable Lightness of Being*) bis zu 25 Millionen Dollar ausgab und aus Imagegründen bisweilen sogar vorprogrammierte Flops, wie die späteren Filme Woody Allens in Kauf zu nehmen bereit war.

Auch in anderer Hinsicht war *Bull Durham* eine durchaus zu vertretende Entscheidung: Selbst bei einem totalen Mißerfolg in den Vereinigten Staaten hätte der Verkauf der Auslands- und Nebenrechte den Film sehr wahrscheinlich amortisiert; vom

Imagegewinn, den ein neues Werk mit dem neuen »Sexsymbol« aus *No Way Out* dem Studio einbringen würde, ganz zu schweigen.

Auch Kevin Costner merkte in den folgenden Monaten, daß seinem Ruf durchaus Grenzen gesetzt waren. Wohl fuhr er fort,

»Bull Durham«. Kevin hatte Ron Sheltons Film vor allem wegen seiner Liebe zu Baseball übernommen

aus mitunter recht willkürlichen Gründen qualitativ interessante Projekte wie Alan Parkers *Mississippi Burning* (Mississippi Burning – Die Wurzel des Hasses) abzulehnen. Andererseits öffnete ihm sein Interesse allein nicht gleich Tür und Tor, wie sein Erlebnis mit Kevin Reynolds' zweitem Film *The Beast*

Die Erneuerung Amerikas aus dem Kornfeld. Publicityfoto zu »Field of Dreams«

(Bestie Krieg) bewies. Nicht zuletzt wegen seiner angenehmen Erinnerungen an *Fandango* hatte sich Costner bei der Columbia sehr hartnäckig für die Hauptrolle des sowjetischen Panzersoldaten beworben, der in Afghanistan die Schrecken des Krieges kennenlernt. Nach mehreren fruchtlosen Anläufen kam es am Ende dann zu einem Gipfelgespräch mit David Puttnam, der nach einer hitzigen Diskussion den Schauspieler mit den Worten »Sie haben kein Monopol auf Leidenschaft« kurzerhand vor die Tür setzte.

Um sich alle Optionen offen zu halten, unterschrieb Kevin schließlich die Verträge für zwei völlig gegensätzliche Filme. Während *Field of Dreams* (Feld der Träume) dabei die sanfte, introspektive Seite des Schauspielers präsentieren sollte, würde die Jim Harrison-Adaptation *Revenge* die harte, durchaus vulgäre Kehrseite aufzeigen. Beide Filme sollten *back to back* gedreht werden, was wiederum präzises Timing erforderte.

So ließen die Probleme nicht lange auf sich warten. Kevin war sich von Anfang an im klaren, daß insbesondere das Skript zu *Revenge* noch eine Menge Arbeit brauchte. Um den Starttermin von *Field of Dreams* nicht unnötig hinauszuschieben und damit möglicherweise den gesamten Film zu gefährden – immerhin konnten die Szenen auf dem Feld der Träume nur dann gedreht werden, solange der Mais in voller Blüte stand –, bemühte er sich in den nächsten Wochen mit aller Kraft, den Studioverantwortlichen ein definitives *stop date* für *Revenge* zu entlocken. Immer wieder lief er jedoch gegen eine Wand, bis er schließlich frustriert seinen Agenten zu Rate zog. Dessen Rat war recht simpel: Beschaff dir einen Anwalt.

Kevin reagierte ausgesprochen mißmutig. »Ich dachte mir: Du hast doch diese Riesenagentur, wieso brauchst du einen Rechtsanwalt? Immerhin war ich nicht grade ein völlig anonymer Klient. Doch kaum liegen Drohungen in der Luft, sagen sie mir als erstes: Wir können nichts machen, beschaff dir einen Anwalt. Dann sprudelten die Namen heraus – Leute, die mit einem einzigen Anruf anderen eine saftige Kopfnuß verpassen konnten, und ich dachte so bei mir: Scheiße, Mann, das will

»Field of Dreams«. Ray Kinsella (Kevin Costner) bewässert das Feld, das er auf Geheiß einer geisterhaften Stimme mitten auf seinem Land erbaut hat

ich nicht. Ich will nur, daß die ganze Sache aufgeklärt wird.«[3] Schließlich nahm Kevin die Sache höchstpersönlich in die Hand und redete solange auf Rastar-Chef Ray Stark ein, bis dieser sich bereiterklärte, die Drehtermine der beiden Filme gegeneinander auszutauschen. Kurz darauf nahm die Branche mit wissendem Lächeln zur Kenntnis, daß Kevin Costner die Agenturen gewechselt habe und fortan vom wichtigsten Mann der Branche, Michael Ovitz von CAA, vertreten werden würde.

Nach den Vorgefechten nahmen dann am 25. Mai in Iowa die

Arbeiten zu *Field of Dreams* ihren Lauf. Im Einklang mit den Wünschen seines Stars hatte Regisseur und Drehbuchautor Phil Alden Robinson den restaurativen Ansatz der Vorlage »Shoeless Joe« bewußt beibehalten: »Als Junge in diesem Land aufzuwachsen, bedeutet auch, den Ballspielen mit dem Vater einen speziellen Platz im Herzen einzuräumen. Es ist ein Symbol für unschuldigere Zeiten, für leichte Freundschaften, die über die Jahre hinweg ungleich schwieriger werden … Ich glaube nicht daran, daß Träume wahr werden. Aber es ist einer der grundlegendsten Wünsche überhaupt, Schlechtes in Gutes zu verwandeln, zu hoffen, daß am Ende alles doch noch gut gehen wird.«[4]

Die Geister haben sich gemeldet. Zusammen mit seiner Familie sieht Ray Kinsella zu, wie Shoeless Joe Jackson Jahrzehnte nach seinem Tod einmal mehr das Spielfeld betritt

Ein solcher Traum kann natürlich nur im Herzen Amerikas seinen Anfang nehmen, in Iowa, wo sich selbst die Geister nicht ganz sicher sind, ob dies nicht doch der Himmel ist. Grün wogen die Maisfelder in der ersten Einstellung, eine geisterhafte Stimme ruft. »Wenn du es baust, kommt er zurück«, läßt sie den Farmer Ray Kinsella wissen, der zunächst an seinem Verstand zweifelt, bevor ihm die Vision einer Flutlichtanlage die näheren Details enthüllt: Das »Es« ist ein Baseballfeld, der »Er« kein Geringerer als der Geist des verstorbenen Shoeless Joe Jackson, der im Jahre 1919 wegen Schiebung auf Lebenszeit gesperrt wurde, was Ray allerdings wild bestreitet.

Alles geschieht wie vorhergesagt, der ehemalige Berkeley-Student und jetzige Farmer spielt bereits mit dem Geist von Shoeless Joe auf seinem neuen Feld, als sich die Stimme ein zweites Mal meldet, diesmal mit den Worten »Lindere seinen

»Field of Dreams«. Ray Kinsella ist der Geisterstimme zum Heim eines ehemaligen Aktivisten (James Earl Jones) gefolgt

Baseball als Allheilmittel gegen alle amerikanischen Malaisen. Mit Gaby Hoffman und Burt Lancaster in »Field of Dreams«

Schmerz«. Während die Finanzen der Familie bereits dem Ende zugehen, die Zwangsvollstreckung vor der Türe steht und selbst hier – im reinen Herzen Amerikas – Bücher verbrannt werden sollen, macht sich Ray auf den Weg zu dem früheren Aktivisten Terence Mann (James Earl Jones).

Doch nicht einmal die Sechziger, mit allem, wofür sie stehen, sind die Antwort auf die unausgesprochene Frage Rays. Immer weiter verwischen sich die Zeiten, eine dritte Botschaft (»Geh an dein Ziel«) bringt die beiden Sucher auf Umwegen mit dem jugendlichen Geist eines obskuren Baseballspielers aus den Zwanzigern zusammen, bevor sich die mysteriöse Stimme schließlich zu erkennen gibt: Es ist Rays Vater, jener Vater, dem er seinerzeit die Erinnerung an das Schlüsselerlebnis im Leben der amerikanischen Familie – eben das unbeschwerte Baseballspiel mit seinem Sohn – verdarb. In dem nachträglich doch noch stattfindenden Spiel entdeckt *Field of Dreams* dann das Allheilmittel gegen alle vergangenen und modernen Malaisen der USA, die einzige Konstante eines gesamten Jahrhunderts: Baseball.

Man mag mit dieser Botschaft nicht unbedingt einverstanden sein; abgesehen von einem sehr gestreckten Ende fällt es jedoch auch einem eingefleischten Zyniker schwer, sich dem Reiz dieser capraesken Geschichte zu entziehen. Der Schlüssel heißt natürlich Kevin Costner: Als Ray Kinsella spielt er einen sanften, bisweilen linkischen Träumer, der Angst vor dem Alter und zugleich Angst vor seiner Selbstverwirklichung hat. Er lächelt viel und gerne, und obwohl er immer wieder betont, wie verrückt das Ganze sei und daß er selbst nicht recht an den versprochenen Traum glauben mag, was der Film selbst durch erfrischende Pathosbrecher noch verstärkt, sagen seine Augen doch das genaue Gegenteil. Es gilt, die Vergangenheit in die Gegenwart zu holen, bevor man sich mit neuem Mut der Zukunft stellen kann. Dann freilich geht alles wie von selbst: Das Schlußbild zeigt eine endlose Kette von Autoscheinwerfern auf der Straße zu Rays Baseballfeld.

Der 12,5 Millionen Dollar teure *Field of Dreams*, ein amerikanisches Märchen, wiederholte das Muster seines Vorläufers und spielte in seinem Heimatland satte 30,3 Millionen Dollar ein. Einmal mehr schlugen in der Folge die Legendenmacher zu; quasi offiziell wurde der Mythos vom neuen Star dann durch eine Covergeschichte im *Time Magazine* vom 26. Juni 1989, die in bewährt halbintellektuellem Stil den Aufstieg des Kevin Costner neu erzählte und dabei auch mit entsprechenden Querverweisen zum »neuen« Zeitgeist nicht sparte: Die Prophezeiung hatte sich selbst erfüllt.

Wie als letzte Bestätigung blieb jener »Gegen-Film«, den Kevin ursprünglich noch vor *Field of Dreams* hätte drehen sollen, weit hinter den Erwartungen zurück. Für Costner-Fans mag die Geschichte des ehemaligen Navypiloten Cochran, der einer Einladung seines Freundes Mendez nach Mexiko folgt, sich dort in dessen Frau Miryea verliebt und dafür brutal zusammengeschlagen wird, bevor er sich mit Hilfe zweier Mexikaner an den tragisch endenden Rachefeldzug macht, insofern von Interesse sein, als die negative Seite seiner Leinwandpersönlichkeit hier völlig ungebrochen zum Ausdruck kommt; als Cochran hinterläßt der Schauspieler einen geradezu psychotischen Eindruck, was durch einige brutale Szenen – einmal verprügelt er auf der Suche nach der Geliebten eine Hure grundlos nach Strich und Faden – nur noch unterstrichen wird.

Andererseits wäre das Ganze kein Film des *Top Gun*-Regisseurs Tony Scott, wenn sich das Arrangement der Kostüme,

Auf der Suche nach dem Schlüsselerlebnis einer amerikanisden Kindheit. Kevin Costner und Amy Madigan in »Field of Dreams«

Sets und sonstigen Accessoires nicht in einem fort vor die Geschichte stellen würde. So vermittelt *Revenge* letztlich nur den Eindruck überflüssiger Konkurrenz: Aus dem klaren, rohen Duell der Gefühle in Harrisons Vorlage war ein Gefecht zwischen den Bildern und den Schauspielern geworden – ein Kampf, den letztlich beide verlieren.

Kevin Costner war im übrigen der erste, der zugab, daß *Revenge* nicht das geworden war, was er sich erhofft hatte. »Ich denke, der größte Fehler bestand in den Problemen mit Tony Scotts Vertrag. Ray bat mich, mein Recht auf *script approval* aufzugeben, da er Schwierigkeiten für das Studio voraussah, wenn man zuerst einen hochkarätigen Regisseur einstellte und der Hauptdarsteller hinterher einfach sagte: »Den Film drehe ich nicht.« Ich habe dann klein beigegeben. Wir hatten eine Art Gentleman's Agreement, demzufolge ich nach wie vor totale Kontrolle über den Film hatte – aber am Ende war es ein einziger Kampf. Ich hatte zusammen mit Michael Blake ein

Die negativen Seiten des Image herausgearbeitet: »Revenge«

Verloren in den Accessoires eines Tony Scott. Als Cochran in der Jim Harrison-Verfilmung »Revenge«

Drehbuch zu *Revenge* geschrieben, mit dem ich meiner Ansicht nach besser zurechtgekommen wäre. Es umfaßte 108 Seiten, von denen etwa 80 Prozent im Film auftauchen. Aber die anderen 20 Prozent fielen raus, und ein so heikler Film wie *Revenge* verträgt solche Fehler einfach nicht.«[5]

Als sich Kevin Costners Ausflug in die dunkle Seite seines Leinwandimages zu Beginn des Jahres 1990 zu seinem ersten uneingeschränkten Flop seit *American Flyers* entwickelte, konnte freilich nichts dem Schauspieler gleichgültiger sein. Immerhin steckte er zu diesem Zeitpunkt bereits seit einem guten halben Jahr in jenem Projekt, das ihn endgültig zum weltweiten Superstar machen sollte.

Tanz mit den Wölfen

»They took away our way of life
Tomahawk and the bowie knife
Took away our native tongue
Taught their English to our young
And all the beads we made by hand
Are nowadays made in Japan

Although they've changed our ways of old
They'll never change our heart and soul
And someday when the world has learned
Cherokee Indian will return …«

DON FARDON

Das erste Mal war Kevin Costner mit *Dances with Wolves* in Berührung gekommen, als sein Bekannter Michael Blake eines Abends im Februar 1986 bei ihm vorbeischaute. Jener hatte seit *Stacy's Knights* zwar eine Reihe von Drehbüchern verfaßt, von denen jedoch nur die wenigsten das Licht der Leinwand erblickt hatten. Als Blake dem Schauspieler daher von seiner neuesten Idee berichtete, der Geschichte des Lt. Dunbar,der im Jahre 1863 sein persönliches Glück bei den Indianern findet, war Kevin zunächst durchaus angetan. Angesichts des kommerziellen Schicksals von *Silverado* äußerste er jedoch zugleich Bedenken, ob ein Western dieser Art bei den Studios auf sonderliches Interesse stoßen würde.

Am Ende einer längeren Nachtsitzung hatte Kevin seinen Bekannten schließlich überzeugt, die Geschichte nicht als Drehbuch, sondern als Roman umzusetzen. Blake zog sich zurück, nahm eine Stelle als Tellerwäscher in einem chinesischen Restaurant in Bisbee, Arizona an und arbeitete die nächsten neun Monate an seinem neuen Roman. Seine rebellische Ader hatte der Autor freilich nicht aufgegeben; kurz nach Abschluß des Romans wurde Blake im Dezember 1986 fristlos entlassen, weil er gegenüber seinem Arbeitgeber auf einem neuen Paar Gummihandschuhe bestanden hatte.

Wie der Zufall es so wollte, erreichte ihn wenige Tage später ein Anruf von Kevin: Er sei durchaus an *Dances with Wolves* interessiert und hätte bereits erste tastende Vorstöße im Hinblick auf die Finanzierung des Projekts vorgenommen. Blake kehrte schnurstracks nach Hollywood zurück, wo er dem verblüfften Freund mitteilte, daß er ihn zwar für den geeigneten Regisseur, nicht aber für den geeigneten Hauptdarsteller halten würde. »Mir schwebte ein anderer Schauspieler vor«, erinnert sich Blake an die sich anschließende Diskussion. »Viggo Mortensen. Ich meinte zu Kevin, daß man ihm angesichts seiner anderen Filme diesen Part vermutlich nicht so leicht abnehmen würde. Er meinte nur, ich solle mir keine Sorgen machen.«[1]

Kevin ließ sich nicht erweichen. »Es ist ein Kapitel unserer Geschichte, das wir nur zu gut kennen, und doch scheuen wir

»Dances with Wolves«. Kevin Costner bei den Dreharbeiten der Christus-Szene

davor zurück, es mit dem Etikett › Genozid ‹ zu belegen«, erläuterte er später seinen Entschluß, bei *Dances with Wolves* die durchaus anstrengende Doppelrolle des Regisseurs und Hauptdarstellers auf sich zu nehmen. »Wir wollen einfach nicht zugeben, wieviel indianische Kulturen wir ausgerottet haben. Und trotzdem war es unser Gegenstück zum brasilianischen Regenwald. Wenn man sich heute diese Landstriche ansieht, wird einem klar, daß sehr viel Blut über die Besitzrechte geflossen ist. Als ob wir es unbedingt gebraucht hätten! Wenn man heute das Land überfliegt, lebt dort überhaupt keiner mehr. Es gibt Denver, Kansas City und Rapid City, sicher. Aber die Wahrheit ist doch, daß wir es nicht unbedingt hätten haben müssen.«[2]

Dances with Wolves lag Costner sehr am Herzen, und so

Die Büffeljagd aus »Dances with Wolves«. Lt. Dunbar hat seine india-
nischen Freunde zur Herde geführt

pokerte er bei der weiteren Vorbereitung des Projekts mit
ausgesprochen hohem Einsatz. Er beharrte nicht nur auf dem
umstrittenen Recht des *final cut*, sondern auch darauf, seine
indianischen Darsteller im Film ihre eigene Sprache sprechen
zu lassen und die Dialoge anschließend zu untertiteln. Unter
diesen Voraussetzungen waren verständlicherweise nur die
wenigsten Studios zu einer Zusammenarbeit bereit. Nachdem
zwei Anläufe mit Nelson Entertainment und Island Pictures im
Sande verlaufen waren, gründete Kevin Anfang 1989 seine
eigene Produktionsfirma »Tig Productions«, benannt nach
dem Spitznamen seiner Großmutter, und machte sich in Über-
see auf die Suche nach willigen Investoren. Als die Finanzie-

rung zu einem Großteil gesichert schien, erklärte sich Orion nicht zuletzt aufgrund des Erfolgs von *Bull Durham* bereit, den Vertrieb des Films zu übernehmen.

Am 17. Juli 1989, mehr als drei Jahre nach den ersten Gesprächen mit Michael Blake, begannen in der Prärie von South Dakota die Dreharbeiten zu *Dances with Wolves*. Zum Einsatz kamen 130 Stabmitglieder, 500 Statisten, 300 Pferde und 42 Kutschen, vorausgegangen war eine monatelange Pre-Produktions-Phase mit Reitlektionen und umfangreichen Sprachstudien, da weder Costner noch die indianischen Darsteller den alten Dialekt der Lakota-Sioux beherrschten.

Wie schon bei *No Way Out* setzte sich Kevin gegen die Versicherungsgesellschaften durch und drehte seine Stunts zum Großteil selbst, darunter auch jene Szene, in der Lt. Dunbar mit seinen indianischen Freunden quer durch eine Büffelherde reitet. »Dabei hat er einen der schlimmsten Stürze hingelegt,

»Dances with Wolves«. Mit Graham Greene

die ich je in meinem Leben gesehen habe«, erinnert sich Michael Blake. »Kevin ritt direkt geradeaus, ein indianischer Reiter nähert sich ihm von der Seite und verliert die Kontrolle über sein Pferd. Wumm! Kevin schießt in die Luft empor, dreht sich irgenwie, knallt mit dem Gesicht nach unten auf den Boden, federt einen halben Meter hoch und bleibt liegen wie ein Mehlsack.«[3] Einmal mehr hatte der Schauspieler jedoch enormes Glück. Sein Sturz verlief glimpflicher, als es zunächst ausgesehen hatte; nach einer halben Stunde konnten die Dreharbeiten wieder aufgenommen werden.

Wesentlich schwieriger gestaltete sich der Kampf gegen das Budget. Wie den meisten unabhängigen Produktionen stand auch *Dances with Wolves* eine Completion Bond-Firma beiseite, die mit Argusaugen darauf achtete, daß die Dreharbeiten nicht aus dem finanziellen Ruder laufen würden; eine seit dem Desaster mit Michael Ciminos *Heaven's Gate* in der Branche durchaus übliche Praxis. Als sich die Probleme nicht zuletzt wegen der immensen Temperatursprünge von teilweise bis zu 60 Grad nach einer Woche häuften und sich abzeichnete, daß Costners Film mindestens drei Millionen Dollar über dem geplanten Budget liegen würde, kam es eines frühen Morgens zum Eklat: Ein Vertreter der Completion Bond-Firma beorderte Produzent Jim Wilson zu einem Meeting und drohte mit dem sofortigen Abbruch der Dreharbeiten. Ein aufgeschreckter Kevin Costner setzte alles auf eine Karte und erklärte sich bereit, zwei Fünftel seiner Gage – sein Gesamthonorar belief sich auf fünf Millionen Dollar in den Film umzuleiten. »Ich meinte einfach nur: › Ich zahle euer Honorar, und dann laßt mich, verdammt nochmal, in Frieden ‹. Das hat ihnen einen Scheißschock versetzt. Wenn Dreharbeiten wirklich außer Kontrolle geraten, braucht man solche Leute. Für finanziell verantwortliche Regisseure sind sie bloß ein ungeheurer Stachel im Arsch. Und wenn ein Projekt auf einem derart engen Grat wandelt, werden sie regelrecht zur Gefahr. Dann fangen sie an, einem alles genau vorzuschreiben. Aber nicht mit mir: Am Ende habe ich alles bekommen was ich wollte.«[4]

»Dances with Wolves«. Lt. Dunbar trägt «Steht mit einer Faust» (Mary McDonnell) nach ihrem Selbstmordversuch zurück ins Indianerlager

Am 21. November 1989 fiel die letzte Klappe, insgesamt hatte der Film 18 Millionen Dollar gekostet – nicht gerade wenig, aber für ein Projekt dieser Größenordnung immer noch recht preiswert. In den folgenden Monaten kursierten in der Branche immer wieder Gerüchte, wonach es zwischen Orion und Kevin Costner zu erheblichen Problemen betreffs der Länge des Films gekommen sei. Insider machten sich Gedanken über die Carte Blanche, die Orion dem Regieneuling ausgestellt hatte; einige Spötter bezeichneten Costners Film gar als *Kevin's Gate*. Dem gegenüber stand die wohlpublizierte Reaktion der eigentlich Betroffenen, der Indianer, die der Film in den Pre-

»Dances with Wolves«. Visionen eines mustergültigen Liberalen von einer besseren Welt

views so begeistert hatte, daß sie Kevin Costner als Ehrenmitglied in den Stamm der Lakota aufnahmen.

Um so größer war daher die Erwartungshaltung, als *Dances with Wolves* am 10. Oktober 1990 im Rahmen einer Benefiz-Gala zur Eröffnung eines neuen Flügels über indianische Geschichte am Smithsonian Institute seine Premiere erlebte. Die nachfolgenden Ereignisse ließen dann auch den letzten Zweifler verstummen: Ein triumphaler Siegeszug nahm seinen Lauf, der *Dances with Wolves* nach monatelangen Laufzeiten in den amerikanischen Kinos und einem Theaterbrutto jenseits der 200 Millionen-Marke über die Berliner Filmfestspiele im Februar des darauffolgenden Jahres und die Verleihung des DGA

Awards an Kevin Costner zurück nach Hollywood führte, wo der Film im April als krönender Abschluß mit nicht weniger als sieben Oscars, darunter dem für den besten Film, ausgezeichnet wurde.

Ein »wohlgezielter Angriff« sei es gewesen, vermerkte Kevins Bruder Dan anschließend bei einem Interview mit der Zeitschrift *Gentleman's Quarterly*. Tatsächlich war *Dances with Wolves* jedoch weit mehr als das: ein Event, bei dessen Schöpfung all jene Mittel rigoros zum Einsatz kamen, die Hollywood Mitte der Achtziger für die Vermarktung derart unkommerzieller, aber künsterisch als »wertvoll« ausgewiesener Filme entdeckt hatte; ein Erfolg auch, dessen Ursprung nicht so sehr in formalen oder sonstigen filmimmanenten Qualitäten denn in kaufmännischer Raffinesse zu suchen war. Die schrittweise

Neubelebung der Klischees aus den Fünfzigern. Lt. Dunbars »indianische« Geliebte (Mary McDonnell) ist natürlich eine verschleppte Weiße

Ausweitung der Abspielbasis gehörte dabei ebenso zu diesem speziellen Konzept wie eine exakte Terminierung, die sich an den verschiedenen, zwischen Dezember und April verfügbaren Filmpreisen orientierte; letztlich war der Erfolg von *Dances with Wolves* ähnlich programmiert wie der Siegeszug von Bernardo Bertoluccis *The Last Emperor* (Der letzte Kaiser) einige Jahre zuvor. Letztlich konnte diese Tatsache auch der Filmkritik nicht entgehen, die zum Großteil vor der PR-Maschine resignierte und sich weniger mit »Wert« oder »Unwert« des Films befaßte, statt dessen allenfalls eine nachgerade Rechtfertigung des Erfolgs versuchte. Gelegentlich lobte man Costners »neuen« Ansatz im Umgang mit klassischen Westernformeln; daneben kamen vor allem die (unbestreitbaren) Bemühungen Costners um Authentizität bei der Darstellung der Sioux immer wieder zur Sprache.

Entkleidet man den Film solcher Äußerlichkeiten, bleibt von *Dances with Wolves* indes wenig mehr als die Geschichte eines Mannes, der Mitte des vorigen Jahrhunderts der Zivilisation entsagt und in der Wildnis zu sich selber findet. Entsprechend simpel bleiben die Sinnbilder, mit denen Costner den Fortschritt dieser seiner Selbstfindung illustriert. Nachdem Lt. Dunbar mit ausgestreckten Armen christusgleich, obschon nur mit einem einzigen Stigma am Bein – zwischen Fronten der Union und der Konföderation galoppiert ist, und sich auf diese Weise mit der größten, überhaupt nur denkbaren Pose von der Zivilisation verabschiedet hat, trifft er in Fort Segdwick erstmals auf jene Metapher, die ihn den Rest des Films über begleiten wird. Es ist natürlich, der Titel deutet es bereits an, ein einsamer Wolf, den Lt. Dunbar auf den Namen »Two Socks« tauft. Ihre Beziehung reflektiert die Beziehung zwischen Dunbar und den Sioux und reicht von mißtrauischem Kennenlernen (Two Socks hält hartnäckig an Lt. Dunbar fest, ist jedoch zu scheu, um in direkten Kontakt mit ihm zu treten) über die gegenseitige Akzeptanz (als Lt. Dunbar von den Sioux den neuen Namen »Der mit dem Wolf tanzt« erhält, sieht man gleich darauf in einer langen Einstellung, wie der Wolf Dunbar

»Dances with Wolves«. Die Sioux machen sich auf die Jagd nach den Büffeln

erstmals aus der Hand frißt) bis hin zum tragischen Scheiden (Two Socks wird von den weißen Soldaten erschossen). Diese Annäherung und die daraus resultierenden Mißverständnisse schildert *Dances with Wolves* auf zunächst recht unpathetische, bisweilen sogar komische Weise; etwa dann, wenn der in der Wildnis unerfahrene Dunbar nachts bei jedem leisen Geräusch panisch aufschreckt, oder auch in jener Szene, als er seinen neuen Indianerfreunden mit hektischem Gebaren die Segnungen der Zivilisation in Form einer Kaffemühle nahebringen möchte. Der moderne Blick, den manche Kritiker in diesen Sequenzen zu erkennen glaubten, entlarvt sich im weiteren Verlauf des Films indes recht schnell als die New Age

Version überholter Sechziger-Attitüden. So wird aus dem durchaus noch nachvollziehbaren Dunbar der ersten Stunde alsbald ein leicht entrückter Träumer, der zusehends platter werdende Äußerungen von sich gibt (»Es war ein Verbrechen, diese Menschen auszurotten«) und bisweilen fatal an einen Donald Sutherland auf mildem LSD Trip erinnert. Mit diesem Wandel werden auch die Bilder zusehends visionärer; gerade die erste nächtliche Begegnung zwischen Dunbar und der Büffelherde gleicht nichts so sehr wie der Traumvorstellung eines Hippies vom heranbrausenden kosmischen Bewußtsein. Spätestens an dieser Stelle entwickelt sich *Dances with Wolves* endgültig zu einer Neuauflage des alten Cowboy & Indianer-Spiels, bei dem allenfalls die Vorzeichen umgekehrt, die grundlegende Rhetorik jedoch ungebrochen beibehalten wurde. Wieder und immer wieder weist der Film die Sioux als die besseren Menschen aus, die beim Streit um einen Hut nicht gleich die Waffen ziehen, sondern lieber friedlich alles ausdiskutieren, die den Neuankömmling nicht mit auf den Kriegspfad ziehen lassen wollen, weil es eine ehrvollere Aufgabe ist, die zurückgebliebenen Familien zu schützen. Ebenso folgerichtig erscheint der weiße Mann von da ab stets als böser Mann, der Büffel aus purem Eigennutz abschlachtet und mit ihren Kadavern die reine Wildnis verunziert.

Dennoch liegt das Zwiespältige von *Dances with Wolves* nicht so sehr darin, wie der Film diese seine schlichte Propaganda mit einem Mantel totaler, für den Durchschnittsbürger freilich kaum nachvollziehbarer und daher allenfalls als Behauptung akzeptierbarer Authentizität zu kaschieren versucht; eher liegt die fundamentale Schwäche des Films schon darin, daß man seiner Propaganda letzlich nie ansieht, auf wen sie eigentlich gezielt sein soll. *Dances with Wolves* ist auch der perfekte Retro Film: ein Epos, das progressive (oder doch zumindest progressiv erscheinende) Ansichten mit großer Geste in eine ferne Vergangenheit projiziert, wo sie sicher aufgehoben sind und ohne möglicherweise lästige Folgen für das Hier und Heute bleiben.

So suspekt und deplaziert dieser Ansatz in der neuen Welt von Hoyerswerda aber auch erscheinen mag, muß man *Dances with Wolves* doch zugleich auch attestieren, daß er diesen (fehlgeleiteten) Ansatz mit äußerster Konsequenz verfolgt. Offensichtlichen Metaphern nach Art der Vietnam Anspielungen eines *Soldier Blue* (Das Wiegenlied vom Totschlag) verweigert sich Costners Epos ebenso radikal wie klammheimliche Entschuldigungen an ein »aufgeklärtes« Publikum, und womöglich war es diese Ehrlichkeit, die mehr als alles andere die Initialzündung des Films bewirkte. Dazu paßte auch das Bild, das der Schauspieler bei der Oscar-Verleihung und anderen Medienspektakeln mit außerordentlichem Geschick zu präsentieren verstand: der häusliche Superstar, dessen ehrliches Engagement ihn in die Rebellion gegen Hollywood und letztlich zu einem Erfolg geführt hatte, den er sich nicht einmal in seinen wildesten Träumen hatte vorstellen können. Bereits der nächste Film sollte dieses genial konstruierte Bild jedoch ein wenig auf den Boden der Tatsachen zurückholen.

Ausverkauf im Sherwood Forest

*»Ich spiele sehr viel mehr mit meinem Herzen als mit
meinem Kopf. Ich analysiere die Dinge, bevor ich die
Rolle übernehme, und dann gebe ich mir alle Mühe, die
Kontrolle zu verlieren. Ich kalkuliere nicht. Sehen Sie,
wenn ich darauf hören würde, daß den Leuten die Art
gefällt, wie ich lache oder umherspaziere, fange ich
bald damit an, in jedem Film so zu lachen und herumzu-
laufen. Ohnehin kann man sich auf Film nicht gut
verstecken – die Seele scheint immer durch. Also sollte
man sich bemühen, Gebiete zu erschließen, wo noch
nie ein Mensch zuvor gewesen ist.«*

KEVIN COSTNER

Indiana Jones im Sherwood Forest. »Robin Hood, Prince of Thieves«

Noch vor der amerikanischen Premiere von *Dances with Wolves* verkündeten die Fachzeitschriften in ganzseitigen Anzeigen das nächste Projekt des neuen Superstars: Ab September 1990 würde Kevin Costner in den britischen Shepperton Studios vor den Kameras der Morgan Creek-Produktion *Robin Hood: Prince of Thieves* stehen. In der Ära nach Cannon und Empire war eine solche Vorankündigung selbst für Hollywood-Verhältnisse recht ungewöhnlich; tatsächlich war die Annonce einzig und allein als letztes Wort in einem Streit gedacht, der die Fachwelt seit einem guten halben Jahr in Atem gehalten und vielerorts für böses Blut gesorgt hatte.

In einem jener wunderbaren Dominoeffekte hatten sich seinerzeit nicht weniger als drei Studios simultan dazu entschlossen, daß die Menschheit ein neues Abenteuer des Rächers der Enterbten benötigte. Als Kevin Costner in informellen Gesprächen durchblicken ließ, daß er an der Rolle des Robin Hood nicht uninteressiert sei, nahm kurz darauf ein hochkarätiger Poker um Drehbücher und *approvals* seinen Lauf. Dabei stellte sich dann rasch heraus, daß es lediglich zwei ernstzunehmende Konkurrenten gab: Tri-Star hatte weder ein Drehbuch noch einen Regisseur anzubieten, was das Studio sehr rasch aus dem Rennen warf. Blieben das Projekt der Fox und das von Morgan Creek.

Kevin ließ sich beide Drehbücher von seinem Agenten vorlegen, begann mit der Lektüre und recherchierte nebenher den jeweiligen Produktionsstatus der geplanten Filme. Das Ergebnis fiel durchaus zwiespältig aus: Morgan Creek besaß nach Kevins Ansicht das bessere Buch, hatte aber noch keinen Regisseur, was die unangenehme Möglichkeit heraufbeschwor, daß der Hauptdarsteller eingedenk seiner Erfahrungen bei *Dances with Wolves* eventuell in produktionstechnische Belange eingespannt werden mochte. Das Buch der Fox wiederum benötigte in Kevins Augen zur Drehreife zwar noch eine grundsätzliche Überarbeitung, doch andererseits stand dort mit John McTiernan (*Predator/Die Hard*) immerhin schon ein namhafter Regisseur unter Vertrag.

111

Als der Star daraufhin bei der Fox vorstellig wurde, ergab sich rasch eine weitere Komplikation. McTiernan war derzeit anderweitig beschäftigt und konnte den Film erst dann in Angriff nehmen, nachdem er *Road Show* mit Sean Connery abgedreht hatte, für den bislang noch nicht einmal ein Drehbeginn feststand.

Costner nahm die absehbare Verzögerung zur Kenntnis, interessierte sich bei den folgenden Diskussionen zunächst aber eher für das unmittelbare Problem: das unbefriedigende Drehbuch. »Ich wollte erst dann meine Zusage für *Robin Hood* geben, nachdem John das Skript abgeschlossen hatte. Er hatte vor, noch weiter daran zu arbeiten, also entschied ich mich, die Sache abzuwarten. Es ist egal, welche Erfolgsbilanz ein Mensch haben mag. Erfolgsbilanzen können trügerisch sein, und sie lassen einen sehr oft blind werden. Jeder Film ist eigen und braucht darum auch den richtigen Mann.«[1]

Am Ende gab Kevin schließlich eine feste Zusage: Sofern das Skript okay sei, würde er den Film für die Fox drehen; im Gegenzug würde er alle Avancen von Morgan Creek ablehnen. In der Folge kam es jedoch rasch zu weiteren Verzögerungen. Während die Konkurrenz bereits tief in der Vorbereitungsphase steckte, wurde der Starttermin des Fox-Projekts immer weiter verschoben und schließlich tentativ auf Februar 1991 gesetzt – viel zu spät, um den lukrativen Sommermarkt abzudecken. Kevin resignierte allmählich und sagte sich des öfteren, daß er den Robin Hood womöglich doch nicht spielen werde.

Die Situation änderte sich radikal, als Morgan Creek schließlich den Regisseur ihres *Robin Hood* bekanntgaben: kein anderer als Kevins alter Freund und *Fandango*-Regisseur Kevin Reynolds.

Damit war der Interessenkonflikt voll entflammt. In der Folge führte Kevin Costner etliche private Gespräche mit seinem Bekannten, im Sommer 1990 erfuhr der geschockte Vorstand der Fox dann von seinem Agenten, daß Kevin ihren Film ad acta gelegt hatte und für 7,5 Millionen Dollar Gage die Rolle

In der Morgan Creek-Produktion »Robin Hood! Prince of Thieves«.
Kevin Costner pendelte lange Zeit zwischen den beiden geplanten Ver-
filmungen, bevor er sich schließlich für Reynolds' Version entschied

in Morgan Creeks Konkurrenzprodukt übernehmen würde. Wie erwartet, kam es daraufhin zu harten Diskussionen und reichlich bösem Blut. Das brachliegende Projekt wurde schleunigst reaktiviert, John McTiernan wich dem britischen Regisseur John Irvin, der sich sofort ans Werk machte, um die

eingefahrene Verspätung so rasch wie möglich wieder auf-
zuholen. (Fox' *Robin Hood* endete schließlich am 13. Mai im
US-Fernsehen; international wurde der Film jedoch im Kino
eingesetzt, wo er denn auch grandios unterging.)

Im Gegenzug reagierte Morgan Creek mit einer drastischen
Vorverlegung des Starttermins auf den amerikanischen Hel-
dengedenktag, den 30. Mai. Damit blieben Kevin Reynolds
gerade anderthalb Monate Zeit für die Pre-Production-Phase
seines Films, was angesichts des geplanten Budgets von 50
Millionen Dollars bei allen Beteiligten zu argen Bedenken
führte.

Unterdessen bereitete sich Kevin Costner gründlich auf die
Rolle des legendären Helden aus dem Sherwood Forest vor.
Dabei hatte er auch die definitive Filmversion der Geschichte,
Michael Curtiz' *The Adventures of Robin Hood* (Robin Hood
– König der Vagabunden), in Augenschein genommen, deren
Machart aber eher als altmodisch und »verkrampft« empfun-
den. Mit bewährtem Sinn für Selbstpromotion verkündete er
der Presse daher folgerichtig, daß *sein* Robin Hood ein völlig
anderer werden würde: »Der neue Aspekt ist der, daß er nicht
so sehr als liebenswerter Halunke erscheint, zumindest nicht
in dem Sinne, daß er schon ein Outlaw ist, wenn man ihn zum
ersten Mal zu Gesicht bekommt. In diesem Film kehrt er gerade
von den Kreuzzügen zurück, er ist aus dem Gefängnis entkom-
men – und das wirkt sich natürlich unmittelbar auf die Art aus,
wie ich Robin Hood spiele. Er ist ein anderer Mensch. Ich will
ihm keineswegs seinen Elan rauben, aber offensichtlich ist er
doch ein Weltreisender und nicht jemand, der sein ganzes
Leben nur im Sherwood Forest verbracht hat. Er hat Blut
gesehen, den Tod, das wahre Gesicht der Kreuzzüge, die unglaublich arrogante Einstellung, sich einfach kurz mal auf den
Weg zu machen und einige Heiden zu besiegen. Es ist sein
eigenes kleines Vietnam: »Eigentlich ist das alles Scheiße. Was
ich viel lieber tun würde, ist, nach Hause zu fahren und mit
meinem Vater und meiner Familie beisammen zu sein, mein
Leben wirklich zu leben.« Doch als er zurückkehrt, haben der

Sheriff von Nottingham und einige andere das Land unter ihre Knute gezwungen – das einfache Volk hat keinen Platz mehr. Damit liegt es bei Robin, dem Recht zum Sieg zu verhelfen.«[2]

Im August begann Kevin schließlich mit den physischen Vorbereitungen für die Rolle. Stuntkoordinator Paul Weston und Schwertexperte Terry Walsh flogen eigens nach L.A., um dem Star unter den erstaunten Blicken seiner Sprößlinge (»Ich weiß wirklich nicht, was damals in ihren Köpfen vorgegangen ist«) die Grundzüge des *swashbuckling* nahezubringen.

Da man die Szenen im Sherwood Forest abgedreht haben mußte, bevor der hereinbrechende Herbst die Bäume ihrer Blätter beraubt hatte, legte man den Drehbeginn schließlich auf

»Robin Hood: Prince of Thieves«. Mit seinem muselmanischen Sidekick Azeem (Morgan Freeman)

den 6. September fest. Zu einer kleinen Krise kam es dann noch, als sich herausstellte, daß Robin Wright, die ursprüngliche Besetzung der Marian, ein Kind von Sean Penn erwartete und die Versicherungsgesellschaft sich rigoros weigerte, die Schauspielerin für die stuntintensiven Dreharbeiten zu decken. Am Ende übernahm Mary Elizabeth Mastrantonio den Part.

Mittlerweile war *Dances with Wolves* in seine heiße PR-Phase eingetreten. So verbrachte der Star einen Großteil der nächsten Monate in der Ersten Klasse der Concorde, was wiederum dem neuen Film nicht sonderlich guttat. Besonders mit dem Akzent tat sich der Darsteller dabei schwer. »Kevin konnte sich nicht gleichzeitig auf den englischen Akzent konzentrieren und dabei auch noch schauspielen«, erinnert sich der ausführende Produzent James G. Robinson. »Er war dann einfach nicht mehr Kevin Costner. In den Mustern kam das immer wieder zum Vorschein: Sobald er sich an einem englischen Akzent versuchte, ruinierte das sein Spiel. Er ist der Typ Schauspieler, bei dem es einfach fließen muß.«[3]

Als sich abzeichnete, daß der Drehplan für weitere Sprachlektionen viel zu knapp gestaltet war, entschied man sich zu guter Letzt, Robin Hoods Dialoge in Amerikanisch zu belassen und das Ganze in der Nachsynchronisation zu beheben.

Als *Robin Hood* immer weiter aus dem Ruder zu laufen drohte, reagierte Kevin Costner zusehends gereizter. Mehrfach kam es zu Auseinandersetzungen mit Alan Rickman, dem Darsteller des Sheriffs von Nottingham. Jener hatte seine Figur recht überdreht angelegt, was nach Costners Ansicht den ernsthaften Ansatz unterminierte. Hinzu kamen Probleme mit dem Budget: Ursprünglich hatte Reynolds ein sehr dynamisches Konzept für den Film vorgesehen. Als sich zeigte, daß die hierfür nötigen Steadicam- und Kranaufnahmen zuviel Zeit verschlangen, schrieb er kurzerhand das Drehbuch um, was wiederum den beiden Produzenten und Autoren Pen Densham und John Watson mißfiel.

Am Ende sah Robinson dann keine andere Chance mehr, als

»Robin Hood: Prince of Thieves«. Nach der Rückkehr aus dem Heiligen Land

Reynolds den Film zu entziehen. Um in einem solchen Fall wenigstens den Star zu behalten, legte Morgan Creek Kevin Costner einen Vertrag vor, der ihn unwiderruflich an den Film band, auch für den Fall, daß Reynolds wegen Budgetüberschreitung gefeuert werden würde. Als Marge legte man ein Prozent des Gesamtbudgets zugrunde, eine angesichts der Verzögerungen und Probleme bereits jetzt utopische Zahl. Kevin weigerte sich.

Drei Wochen später als geplant, am 22. Dezember 1990, fiel schließlich die letzte Klappe zu *Robin Hood: Prince of Thieves*. um den Film wenigstens noch im Schneideraum zu retten, bestand Robinson darauf, einen Vertreter von Morgan Creek am Rohschnitt teilnehmen zu lassen. Reynolds berief sich auf sein Recht des *first cut*, lehnte ab und lieferte auch pünktlich seine Variante ab. Zu schnell, lautete die Antwort von Morgan Creek trotz guter Previews. Zu kommerziell und fatal für die Integrität der Filmvision, hieß Reynolds' Kontra auf ein entsprechendes Ultimatum, den Film noch einmal umzuschneiden. Damit hatte er jedoch zu hoch gepokert: Robinson verbannte Reynolds fristlos aus dem Schneideraum, schob ihn zur Nachsynchronisation nach England ab und händigte das Material einem anderen Cutter aus. Mit zwei Wochen Verspätung lief *Robin Hood: Prince of Thieves* dann am 14. Juni in den amerikanischen Kinos an.

Wie versprochen, beginnt die Handlung im Heiligen Land: Dank der Hilfe des Moslems Azeem (Morgan Freeman) gelingt dem eingekerkerten Robin Hood die Flucht aus der türkischen Folterkammer. Dreckig und blutig geht es zu in dieser Einleitung, ein Prinzip, das auch den ganzen Film durchziehen wird. Kaum sind der Held und sein neuer Sidekick, der zwar ein naturwissenschaftliches Genie ist, jedoch in einem fort gen Mekka betet, wenn es brenzlig wird, womit denn auch dem Golfkrieg die passende und durchaus zwiespältige Reverenz erwiesen ist, kaum sind also diese beiden an den weißen Klippen von Dover angelangt, als sich das Revisionistische schnell wieder verliert. Der neue Robin Hood mag keinen grünen Wams sein eigen nennen, seine Geschichte ist jedoch intakt: Der Vater ist ermordet, dem Volk ergeht es schlecht. So beginnt der alte Kampf von neuem; sein Ergebnis steht schon fest, lang bevor der bitterböse Sheriff die hingeworfenen Knöchelchen der Hexenmutter richtig deuten kann.

Nach dem Start zerfetzten alle maßgeblichen Kritiker rund um den Globus *Robin Hood: Prince of Thieves* in der Luft. Angekreidet wurde dem Epos neben dem sehr amerikanischen

Akzent des Titelhelden, der die Nachsynchronisation anstandslos überlebt hatte, vor allem seine konstanten Gegenwartsanspielungen, ein mangelndes Gefühl für Geographie und Historie sowie der völlig uneinheitliche, in Wahrheit so erst im Schneideraum von Morgan Creek entstandene »Stil« des Regisseurs. Selbst Kevin Costner, bis dahin weitgehend immun gegen kritische Anfeindungen, mußte sich nachsagen lassen, daß er in den Actionszenen keine besondere Figur machte, zuviel von den Beach Boys und zuwenig von seinem unmittelbaren Filmvorfahren Indiana Jones an sich hatte.

Der Unberechenbare. »Robin Hood: Prince of Thieves«

Das Publikum dagegen – ohnehin mehr an den romantischen Szenen zwischen Costner und Mastrantonio interessiert – reagierte, wie es immer reagiert, wenn es mit einem konventionellen Film, einem bekannten Star und massiver Vorabwerbung konfrontiert wird: Es machte den Film zum Event. *Robin Hood: Prince of Thieves* entwickelte sich zum zweiterfolgreichsten Film des amerikanischen Kinosommers hinter *Terminator 2 – Judgment Day* (Terminator 2 – Tag der Abrechnung) und lief auch in Deutschland mit beachtlichen Zahlen an.

Fürs erste hatte Kevin Costner seinen neuen Status als *bankable superstar* damit grandios bestätigt. Ob der Star das in ihn gesetzte Vertrauen der Studios weiterhin erfüllen wird, wird freilich nur die Zukunft zeigen. »Ich mache nur Filme, hinter denen auch mein Herz steht«, so lassen sich die zahllosen Aussagen Costners zum Thema Hollywood-System zusammenfassen, und obwohl man solche Sätze angesichts des Multimarketing-Objekts *Robin Hood* mit gebührlicher Skepsis aufnehmen sollte, mag es ihm doch ernst mit dieser Behauptung sein.

Momentan hängt sein Herz jedenfalls an Oliver Stones *JFK*, der zu Weihnachten 1991 in die amerikanischen Kinos kommen soll. Es ist, den Vorinformationen zufolge, die Geschichte des Staatsanwalts Jim Garrison, der zwei Jahrzehnte nach dem Attentat auf Kennedy den Fall aufgrund neuer Indizien wieder aufnimmt: ein neues Retro-Thema für den Retro-Star, allerdings auch eines, dem man die kommerziellen Chancen nicht unmittelbar ansieht. Wie Kevin Costner jedoch wieder und immer wieder bewiesen hat, verlieren in seinen Händen klassische Begriffe wie »Box-Office« oder »projiziertes Einspiel-ergebnis« jegliche Bedeutung, und so dürften die weihnachtlichen Szenen an der Kinokasse reichlich interessant werden. Kevin Costners Unberechenbarkeit macht ihn so spannend.

Filmographie

I. Filme

1. Sizzle Beach, USA

USA 1979 *Regie* Richard Brander *Produktion* Troma (Eric Louzil) *Beteiligter Produzent* Laurel A. Koernig *Drehbuch* Craig Kusaba *Kamera* John Sprang (Farbe) *Schnitt* Howard Heard *Musik* The Beach Towels, Rick Dunham, Melodye Condos *Darsteller* Terry Congie (Janice), Leslie Brander (Cheryl), Roselyn Royce (Dit), KEVIN COSTNER
Laufzeit 93 Minuten
Uraufführung 15. Mai 1986 (Cannes), 26. Juli 1989 (USA/Video)

»Die hirnlose Story konzentriert sich auf drei Mädels, die in Los Angeles groß herauskommen wollen. Eine ist fest entschlossen, Schauspielerin zu werden, die Zweite möchte Aerobic-Lehrerin und die Dritte Sängerin werden. Um in ihrem jeweiligen Betätigungsfeld erfolgreich zu werden, lassen sie sich mit jedem ein, der ihnen möglicherweise helfen könnte. Dies führt zu diversen Nacktszenen, erbärmlich wenigen Lachern und einem Kurzauftritt von Kevin Costner als Pferdezureiter (…) Unbeholfen von Anfang bis zum Ende, bietet *Sizzle Beach, USA* in etwa alles, was man so erwartet. Die Darstellerleistungen sind kaum der Rede wert, eingeschlossen jene Costners, die Story ist absolut bedeutungslos, die Nacktszenen die eigentliche Attraktion. Heute wirkt der Film aufgrund der Kleider, der Ausdrucksweise und einem auffällig plazierten Bild Präsident Carters reichlich überholt; ohne den rasanten Aufstieg Kevin Costners hätte das Ganze bis in alle Ewigkeiten Staub auf dem Regal angesammelt.«
The Motion Picture Guide

2. Shadows Run Black

USA 1981 *Regie* Howard Heard *Produktion* Mesa Films (Eric Louzil) *Ausführender Produzent* Laurel A. Koernig *Beteiligte Produzenten* William J. Kulzer, Julius Metoyer, Charles A. Domokos *Drehbuch* Craig Kusaba, Duke Howard *Story* Craig Kusaba *Kamera* John Sprung (United Color) *Zusätzliche Kamera*

Chris Tufty, Ron Charman, (2. Team) Ron Halpern *Schnitt* Raul Davalos, Davide Ganzino *Musik* Ann Krupa *Stuntkoordination* William J. Kulzer

Darsteller William J. Kulzer (Rydell King), Elizabeth Trosper (Judy Cole), Shea Porter (Morgan Cole), George J. Engelson (Priester), Dianne Hinkler (Helen Cole), Julius Metoyer (Billy), Terry Congie (Lee Faulkner), KEVIN COSTNER (Jimmy Scott), Lee Bishop (Polizist), Jacqueline Rochelle Brodley (Mädchen im Wald), Carl Nubile (Junge im Wald), Nealie Gerard (Prostituierte), Gerard Thomas (Hausmeister), Briane Siddall (Mädchen in der Polizeistation), Richard Escobedo (Polizist bei der Verhaftung), Marc Christopher (Detective), Olwen Armstrong (Anwältin), Hank Robinson (Captain Dorsey), James M. Cooper (Polizist am Tresen), John »Magic« Wright (Zauberer), Paul Wright (Bassist), Rhonda Selesnow (erstochenes Mädchen), Ann Hull (in der Küche umgebrachtes Mädchen), Barbara Peckinpaugh (Sandy), Wendy Tolkin (Georgie)

Laufzeit 89 Minuten

Uraufführung Juli 1986 (USA/Video)

»Nicht nur, daß der Film durch seine schamlose Ausbeutung der Frauen anwidert, darüber hinaus wirkt er auch in fast allen anderen Belangen unbeholfen. Die Bilder sind trübe, die Beleuchtung scheint aus einer einzigen harten Punktlichtquelle zu bestehen, die Schauspieler sind schauerlich und das Tempo quälend langsam. Unglaublicherweise perlen Costners Talente dennoch bisweilen an die Oberfläche; er ist die einzig glaubwürdige Figur des ganzen Films. Man kann nur vermuten, daß Costner deshalb nicht im Vorspann aufgeführt ist, weil er sich seine Filmographie nicht durch einen solchen Dreck vermiesen lassen wollte.«

The Motion Picture Guide

3. Chasing Dreams (Chasing Dreams – Träume sind wie Staub im Wind)

USA 1981 *Regie* Sean Roche *Produktion* Nascent Productions (Therese Conte, David G. Brown) *Ausführender Produzent* Marcus Robertson *Co-Produzent* Marc Schwartz *Aufnahmeleitung* Tim Silver *Regie 2. Team* Therese Conte *Drehbuch* David G. Brown *Kamera* Connie Holt (Farbe) *Schnitt* Jerry Welon, Robert L. Sinise *Production Design* Bobbi Peterson Himber *Musik* Gregory Conte *Ton* Ken Wiatrak *Stuntkoordination* Scott Cook

Darsteller David G. Brown (Gavin), John Fife (Parks), Jim Shane (Vater), Lisa Kingston (Sue), Matthew Clark (Ben), Claudia Carroll (Mutter), Cecilia Bennett, Kelly McCarthy, Don Margolin, Marc Brandes, Dan Waldman, KEVIN COSTNER
Laufzeit 96 Minuten (OF/DF)
Uraufführung 6. Juli 1989 (USA/Video)
Deutsche Erstaufführung 23. Oktober 1989
Verleih AEC (Video)

»Pathetischer Baseballfilm, bei dem sich das komplette Team redliche Mühe gegeben hat, eine bedeutende Geschichte zu erzählen und mit geringem Budget Standardqualität zu erreichen. Anders als in den USA finden selbst hochkarätige Baseballfilme hierzulande nur schwer ein Publikum. Die vorliegende Produktion läßt obendrein den Verlauf der Handlung zu leicht erahnen, und der einzig namhafte Darsteller, Kevin Costner, wirkt nur in einer kleinen Nebenrolle mit.«

VideoWoche

4. Night Shift (Night Shift – Das Leichenhaus flippt völlig aus)

USA 1982 *Regie* Ron Howard *Produktion* The Ladd Company (Brian Grazer *Ausführender Produzent* Don Kranze *Aufnahmeleitung* Alan Levine *Regieassistenz* Jan Lloyd, Hans Beimler *Drehbuch* Lowell Ganz, Babaloo Mandel *Kamera* James Crabe (Technicolor) *Schnitt* Robert J. Kern jr., Daniel P. Hanley *Production Design* Jack Collis *Art Direction* Pete Smith *Kostüme* Jodie Tillen *Make-up* Bruce Hutchinson *Spezialeffekte* Allen Hall *Musik* Burt Bacharach *Musikschnitt* John Mick *Tonschnitt* Don Hall (Leitung), Jack Schrader, Laurel Ladevich, Joey Ippolito *Tonaufnahme* Al Overton jr. *Tonüberspielung* Robert J. Litt, David J. Kimball, Elliot Tyson, William McCaughey, Terry Porter, Howard Wollman
Darsteller Henry Winkler (Chuck Lumley III), Michael Keaton (Bill Blazejowski), Shelley Long (Belinda Keaton), Gina Hecht (Charlotte Koogle), Pat Corley (Edward Koogle), Bobby DiCicco (Leonard), Nita Talbot (Vivian), Basil Hoffman (Drollhauser), Tim Rossovich (Luke), Clint Howard (Jeffrey), Joe Spinell (Manetti), Cheryl Carter, Becky Gonzalez, Corki Corman, Ildiko Jaid,

Ava Lazar, Robbin Young, Ola Ray, Cassandra Gava, Dawn Dunlap, KEVIN COSTNER
Laufzeit 106 Minuten (OF/DF)
Uraufführung Juli 1982
Deutsche Erstaufführung Juli 1985
Verleih Warner Home (Video)

»Eine etwas anrüchige Geschichte, aber dezent erzählt, die durch viele vergnügliche Momente und witzige Einfälle entspannend unterhält. Das Schwergewicht liegt hier auf der einfühlsam geschilderten Erziehung zum Mann, was hier nicht mehr heißt, als zu lernen, das Leben selbstbewußt zu gestalten. Im Grundton leicht makaber und frivol, wird diese Entwicklung beschrieben, wobei die Art der Komik von slapstickhaften Elementen über Wortwitz bis zu elegant herausgespielten Kabinettstückchen reicht.«

Hans Messias, film-dienst

5. Table for Five (Ein Tisch für fünf)

USA 1983 *Regie* Robert Lieberman *Produktion* CBS. Eine Voight-Schaffel Produktion (Robert Schaffel) *Aufnahmeleitung* Richard F. McWhorter *Regieassistenz* Newton Arnold, Russ Harling *Drehbuch* David Seltzer *Kamera* Vilmos Zsigmond (DeLuxe Color) *Zusätzliche Kamera* Jan Kiesser *Schnitt* Michael Kahn *Production Design* Robert F. Boyle *Art Direction* Norman Newberry *Kostüme* Vicki Sanchez *Make-up* Jeff Angell *Spezialeffekte* Gunter Jennings *Musik* John Morris *Musikschnitt* Eugene Marks *Tonschnitt* Larry Carow, Robert Rutledge, Scott A. Hekker, John A. Larsen *Tonaufnahme* Jeff Wexler, (Musik) Frank Jones *Tonüberspielung* Buzz Knudson, Robert Glass, Don Digirolamo *Toneffektschnitt* Paul Bruce Richardson
Darsteller Jon Voight (J.P. Tannen), Richard Crenna (Mitchell), Marie Christine Barrault (Marie), Millie Perkins (Kathleen), Roxana Zal (Tilde), Robby Kiger (Truman-Paul), Son Hoang Bui (Trung), Maria O'Brien (Mandy), Nelson Welch (alter Mann), Bernie Hern (streitlustiger Ehemann), Moira Turner (streitlustige Ehefrau), KEVIN COSTNER (Frischverheirateter), Cynthia Kania (Frischverheiratete), Marion Russell (Rodessa), Gustaf Unger/Bertil Unger (Zwillinge), Erik Holland (Captain)
Laufzeit 124 Minuten (OF/DF)

Uraufführung Februar 1983
Deutsche Erstausstrahlung 25. September 1988 (ARD)

»Ohne die anspruchsvolle gegabelte Struktur und den parochialen Realismus eines *Kramer gegen Kramer* ausgestattet, setzt sich die nicht minder schematische Hochglanz-Geschichte von *Table for Five* auf dieselbe scheinheilige Art mit den persönlichen Unzulänglichkeiten seines Helden auseinander wie jener selbst. Man kann nur annehmen, daß David Seltzer, der Drehbuchautor von *Das Omen* dem Geist von Damien aus dem Zelluloseherz der amerikanischen Familie austreiben wollte, als er sich diese krankhafte Süße ausdachte.

Robert Brown, Monthly Film Bulletin

6. Testament (Das letzte Testament)

USA 1983 *Regie* Lynne Littman *Produktion* Entertainment Events. In Zusammenarbeit mit American Playhouse. Finanzielle Unterstützung durch Public Television Stations, The Corporation for Public Broadcasting und The National Endowment for the Arts (Jonathan Bernstein, Lynne Littman) *Beteiligte Produzentin* Andrea Asimow *Produktionskoordination* Cassandra Wilson *Aufnahmeleitung* Peter Cornberg *Location Manager* Nancy Zearfoss *Regieassistenz* William Hassell, Peter Bogart, Ralph Singleton, Richard Graves *Drehbuch* John Sacret Young (nach der Kurzgeschichte »The Last Testament« von Carol Amen) *Kamera* Steven Poster (CFI Color) *Zusätzliche Kamera* Charles Minsky *Kameraführung* John Koester, William Moffitt *VTR* Joe Unsinn III *Schnitt* Suzanne Pettit *Production Design* David Nichols *Art Direction* Linda Pearl *Illustrierung* George Goode *Kostüme* Julie Weiss *Garderobe* John Sowle, Csilla Marki *Make-up* Tonya Wexler *Opticals* Movie Magic *Spezialeffekte* Chuck Stewart *Musik* James Horner *Musiküberwachung* Joel Sill *Musikschnitt* William Saracino *Song* »All My Loving« von John Lennon und Paul McCartney, gespielt von Mitch Weissman *Tonaufnahme* Lee Alexander, (Musik) Shawn Murphy *Tonüberspielung* Gary Alexander, Larry Stensvold, Don Digirolamo *Toneffekte* J's Fine Art, Roberta Doheny, Lars Nelson *Stuntkoordination* Jesse Wayne *Titeldesign* Tavoularis Design *Titel* Pacific Title
Darsteller Jane Alexander (Carol Wetherly), William Devane (Tom Wetherly), Ross Harris (Brad Wetherly), Roxana Zal (Mary

125

Liz Wetherly), Lukas Haas (Scottie Wetherly), Philip Anglim (Hollis), Lilas Skala (Fania), Leon Ames (Henry Abhart), Lurene Tuttle (Rosemary Abhart), Rebecca de Mornay (Cathy Pitkin), KEVIN COSTNER (Phil Pitkin), Mako (Mike), Mico Olmos (Larry), Gerry Murillo (Hiroshi), J. Brennan Smith (Billdocker), Lesley Woods (Bürgermeisterin), Wayne Heffley (Polizeichef), William Schilling (Apotheker), David Nichols (Besorgter), Gary Bayer (Wütender), Martin Rudy (Dr. Jenson), Jamie Abbott (Junge), Rocky Krakoff (Rattenfänger), Rachel Gudmundson (Nancy), Keri Houlihan (Lisa), Pauline Lomas (Frau), Jesse Wayne (Mann in Schlange), Clete Roberts (Nachrichtensprecherin)
Laufzeit 90 Minuten (OF/DF)
Uraufführung Oktober 1983
Deutsche Erstaufführung 9. März 1984
Verleih UIP

»Da wird viel kleines Familienleben zelebriert und oft sentimental ins schöne Bild gebracht. Da erlebt man den tapferen Jungen, der nach und nach den draußen im Inferno verglühten Vater vertritt; die Mutter, wie sie durchhält und doch die von tödlicher Strahlendosis getroffenen Kinder nach und nach verliert. Manchmal ist das ganze eine mild getönte Familien-Love-Story, über die sich Menschen, die hierzulande Bombennächte durchlitten haben, nur wundern können. Situationen, wie sie der Film zeigt, mögen denkbar sein. Wahrscheinlich sind sie nicht, am wenigsten für einen Atomkrieg in Europa.«

wo, Stuttgarter Zeitung

7. Stacy's Knights (Gewagtes Spiel)

USA 1983 *Regie* James L. Wilson *Produktion* American Twist Productions/Golden Gate Productions (Joann Locktov, Freddy Sweet) *Ausführende Produzenten* David L. Peterson, James L. Wilson *Aufnahmeleitung/Regieassistenz* Jacqueline Zambrano *Drehbuch* Michael Blake *Kamera* Raoul Lomas (DeLuxe Color) *Schnitt* Bonnie Koehler *Art Direction* Florence Fellman *Musik* Norton Buffalo *Ton* James Thornton
Darsteller Andra Millian (Stacy Lancaster), KEVIN COSTNER (Will Bonner), Eve Lilith (Jean Dennison), Michale J. Reynolds (Shecky Poole), Garth Howard (Mr. C.), Ed Semenza (The Kid)
Laufzeit 95 Minuten

Uraufführung 1983
Deutsche Erstausstrahlung 3. Februar 1989 (ARD)

»Die größte Schwäche des Films ist der völlige Mangel von Spannung oder Suspense in den Szenen am Spieltisch, die von Regisseur Jim Wilson sehr mechanisch inszeniert wurden. Daneben enthält das Billgopus noch überholte romantische Montagen und eine sehr unglücklich eingesetzte Erzählerstimme, die vor allem während den überleitenden Fahrszenen eingeblendet wird. Die Schauspieler sind unzulänglich; insbesondere Hauptdarstellerin Millian blüht nie richtig auf (…) Co-Star Kevin Costner dagegen ist durchaus ermutigend: ein ansprechender junger Darsteller in einer nicht genügend ausgebauten Rolle.«

Lor., Variety

8. The Gunrunner

Kanada 1984 *Regie* Nardo Castillo *Produktion* New World Pictures/Video Voice (Richard Sadler, Robert J. Langevin) *Ausführende Produzenten* Ernest J. Schmizzi, Gregory F. Schmizzi *Aufnahmeleitung* Ann Burke *Regieassistenz* Jacques Methe *Drehbuch* Arnie Gelbart *Kamera* Alain Dostie (Fotokem Color) *Schnitt* Diane Fingardo, André Corriveau *Production Design* Wendell Dennis *Musik* Rex Taylor-Smith, Jean Sauvageau *Ton* Serge Beauchemin
Darsteller KEVIN COSTNER (Ted Beaubien), Sara Botsford (Maud Ryan), Paul Soles (Lochman), Gerard Parkes (Wilson), Ron Lea (George), Mitch Martin (Rosalyn), Larry Lewis (Robert), Daniel Nalbach (Max)
Laufzeit 84 Minuten (OF)
Uraufführung Mai 1989 (Cannes), Juni 1989 (USA/Video)

»Die Motivationen der Figuren sind derart willkürlich, daß es einem schon nach fünf Minuten völlig egal ist, was sie sagen oder tun. Und halten Sie bloß nicht nach Actionszenen Ausschau, die den Wirrwarr und die Langeweile etwas auflockern könnten, weil von Action genausoviel zu sehen ist wie vom Plot: gar nichts. Die einleitenden Sequenzen sind besonders konfus, der Rest ist nichts weiter als eine Serie von Szenen und Storybestandteilen, die sich ansehen wie ein überlanger Trailer (…) Und was den eigentlichen Daseinsgrund des Films angeht (für all jene, die es interessiert: in einer Szene trägt er kein Hemd), so scheint Costner in einem fort zu schmollen.

The Motion Picture Guide

9. Fandango (Fandango)

USA 1985 *Regie* Kevin Reynolds *Produktion* Amblin Entertainment. Für Warner Bros. (Tim Zinnemann) *Ausführende Produzenten* Frank Marshall, Kathleen Kennedy *Beteiligte Produzenten* Barrie M. Osborne, Pat Kehoe *Aufnahmeleitung* Barrie M. Osborne *Location Manager* David Israel *Überwachung Nachproduktion* Sheila Barnes *Regieassistenz* Pat Kehoe, Bob Rowe *Drehbuch* Kevin Reynolds *Kamera* Thomas del Ruth (Technicolor) *Kameraführung* Jim Etheridge, Lito White *Schnitt* Arthur Schmidt, Stephen Semel *Art Direction* Peter Lansdown Smith *Dekor* Bob Zilliox *Kostüme* Michele Neely *Garderobe* Art Brouillard *Make-up* Mike Hancock *Optische Effekte* Modern Film Effects *Spezialeffekte* Larry Cavanaugh *Musik* Alan Silvestri *Orchestrierung* Jim Campbell *Musikschnitt* Ken Hall *Auszug* »Symphonie Nr. 8, 3. Satz« von Dimitri Schostakowitsch *Songs* »Badge« von George Harrison und Eric Clapton, gespielt von Cream; »Saturday Night's Alright (for Fighting)« von Elton John und Bernie Taupin, gespielt von Elton John; »El Brazo Mocho« von Mario Guadiana, gespielt von Ruben Vela y Su Conjunto; »It's Too Late« von Toni Stern und Carole King, gespielt von Carole King; »Spooky« von Buddy Buie, J.R. Cobb, Mike Shapiro und Harry Middlebrooks, gespielt von Classics IV; »Spheres (7. Satz)« von Keith Jarrett; »Ay Te Dejo en San Antonio« von Santiago Jimenez, gespielt von Los Lobos; »Born to Be Wild« von Mars Bonfire, gespielt von Steppenwolf; »Taking Off«, gespielt von Milton Brown and the Brownies; »September 15th« und »It's For You« von Pat Metheny und Lyle Mays, gespielt von Pat Metheny, Lyle Mays und Nana Vasconcelos; »Farmer's Trust« von Pat Metheny, gespielt von Pat Metheny Group; »Can't Find My Way Home« von Steve Winwood, gespielt von Blind Faith *Choreographie* Mike Haley *Tonschnitt* Robert R. Rutledge, (Dialoge) Jack Woods *Tonaufnahme* Richard Bryce Goodman (Dolby Stereo) *Tonüberspielung* Robert J. Littm Elliot Tyson, Rick Kline *Toneffektschnitt* Scott A. Hecker, John A. Larsen, Jay Wilkinson *Luftkoordination* Rande DeLuca *Stunts* Rande DeLuca, Shane Dixon, Larry Holt, Fred Lerner, Ross Reynolds, Walter P. Robles,

Reid Rondell, Chuck Waters, B.J. Worth *Stuntpilot* Bill Warren
Titeldesign Terri Larronde *Titel* Peter Donen, Cinema Research
Darsteller KEVIN COSTNER (Gardner Barnes), Judd Nelson (Phil
Hicks), Sam Robards (Kenneth Waggener), Chuck Bush (Dor-
man), Brian Cesak (Lester), Marvin J. McIntyre (Truman Sparks),
Suzy Amis (Debbie), Elizabeth Daily (Judy), Robyn Rose (Lor-
na), Stanley Grover (Phils Vater), Jane A. Johnston (Phils Mutter),
Don Brunner/Michael Conn/Michael Maxwell Katz (Störenfrie-
de), Dana Halsted (Co-ed), Karl Wickman (Helikopterpilot), Mi-
chael M. Vendrell (Helikopterpolizist), Bill Everidge (Rancher),
Margaret Nelson (Frau des Ranchers), Manley Adams/Ken Fa-
gen/Bill Silver (Männer am Strand), Ben Graham (Bürgermei-
ster), Jewel Watson (Dame am Salat), Allan Keown (Metzger),
Glenne Headley (Trelis), Pepe Serna (Tankstellenmechaniker)
Laufzeit 91 Minuten (OF/DF)
Uraufführung 24. Januar 1985
Deutsche Erstaufführung 15. März 1987
Verleih Warner Home (Video)

»Melancholie breitet sich über diesen Abschied von der Jugend
aus. Dazwischen gibt es viel lakonischen Witz, etwa wenn einer
der Jungs den ersten Fallschirmabsprung wagt und dabei aus
Versehen in den Wäschesack greift, oder wenn der Straßenkreu-
zer an einen Zug angekoppelt werden soll, das Seil aber nur die
Stoßstange wegreißt. *Fandango* bereichert die Motive der Filme
ums Erwachsenwerden in den stürmischen Zeiten der frühen 70er
Jahre um eine unterhaltsame Variante. Der gelegentlich derbe
Humor der Dialoge – leider verschärft durch eine oberflächliche
deutsche Synchronisation – mindert den Wert dieses Films als
Anregung zur weitergehenden Reflexion über Jugend, Reife und
Freundschaft nur geringfügig und keineswegs nachhaltig.«

Josef Schnelle, film-dienst

»Reynolds' Interessen liegen nicht in den gelegentlichen Stunts
und wilden Abenteuern der Gruppe, sondern in der Art, wie sie
(und insbesondere Costner) verzweifelt versuchen, an der Jugend
festzuhalten, von der sie wissen, daß sie unweigerlich verschwin-
den wird (…) Costner, der zuvor in *Stacy's Knights* zu sehen war,
sowohl in *The Big Chill* als auch in *Frances* jedoch ein Opfer des
Schneideraums gewesen war, ist eine dynamische Präsenz im

Zentrum des Films. Charismatisch genug, um sowohl die erfundene Gruppe als auch den Film selbst zusammenzuhalten, besitzt er jene Art gefährlicher Unvorhersehbarkeit, aus der erstklassige Filmschauspieler entstehen.«

Cart., Variety

10. Silverado (Silverado)
USA 1985 *Regie* Lawrence Kasdan *Produktion* Columbia-Delphi IV Productions. In Zusammenarbeit mit The American Humane Association (Lawrence Kasdan) *Ausführende Produzenten* Charles Okun, Michael Grillo *Beteiligter Produzent* Mark Kasdan *Aufnahmeleitung* Charles Okun, David S. Hamburger *Location Manager* David Israel *Regieassistenz* Michael Grillo, Stephen Dunn, Margaret Nelson *Drehbuch* Lawrence Kasdan, Mark Kasdan *Kamera* John Bailey (Super Techniscope, Technicolor) *Kameraführung* Lou Barlia, Richard Walden *Terra-Flite* William F. Bennett *Projektion* Billy R. Brashier *Schnitt* Carol Littleton *Production Design* Ida Random *Set Design* Chas Butcher, Richard McKenzie *Dekor* Arthur Parker, Anne D. McCulley *Illustration* Janet Kusnick *Kostüme* Kristi Zea *Garderobe* Tony Scarano, Jennifer Parsons, Stephen Shubin, Le Dawson, Oda Groeschel *Make-up* Daniel C. Striepeke, Gerard O'Dell *Opticals* Modern Film Effects *Spezialeffekte* Roy Arbogast (Leitung), William Lee, Robert W. Ramage, Floyd van Wey, Richard S. Wood *Musik* Bruce Broughton *Orchestrierung* Chris Boardman, Donald Nemitz *Musikschnitt* Noteworthy Inc., Gene Feldman, Erma Levin *Tonschnitt* Robert Grieve, (Dialoge) George H. Anderson, Samuel C. Crutcher. Joseph R. Fineman, (Dialoge Nachproduktion) Norman B. Schwartz *Foley-Schnitt* Dody Dorn, Clifford Latimer *ADR-Schnitt* Karen I. Stern *Tonaufnahme* David Ronne, (Musik) Armin Steiner (Dolby Stereo) *Tonüberspielung* Donald O. Mitchell, Rick Kline, Kevin O'Connell *Toneffektschnitt* Patrick Drummond, Dennis Drummond *Stuntkoordination* Jerry Gatlin *Stunts* John Ashby, Ron Bonner, Clay Boss, May Boss, Buff Brady, Dan Doucette, Richard Epper, Stephanie Epper, Evelyn Finley, Cindy Folkerson, Dawn Grant, David Graves, Clifford Happy, Eddie Hice, Bonnie Hock, Candy Hoskins, Bob Jauregui, Tracy Keen, Walt LaRue, Clay Lilley, Lewis Meador, Michael H. McGaughy, Rod McGaughy, Sean McGaughy, Bobby McLaughlin, Shelley Peterson, Jeff Ramsey, Bruce Randall, Jak-

kie Resch, John-Clay Scott, Ben Scott, Al Simon, John Tatum, R.L. Tolbert, Rock Walker, Russell Walraven, Walter Wyatt
Waffentrainer Arvo Ojala *Titeldesign* Wayne Fitzgerald
Darsteller Kevin Kline (Paden), Scott Glenn (Emmett), KEVIN COSTNER (Jake), Danny Glover (Mal), Brian Dennehy (Cobb), Linda Hunt (Stella), Jeff Goldblum (Slick), Rosanna Arquette (Hannah), John Cleese (Sheriff Langston), Marvin J. McIntyre (Angestellter), Brad Williams (Trooper), Sheb Wooley (Kavalleriesergeant), John Kasdan (Junge im Außenposten), Todd Allen (Deputy Kern), Kenny Call (Deputy Block), Bill Thurman (Besitzer), Meg Kasdan (Bartenderin), Dick Durock/Gene Hartline (Barfighter), Autry Ward (Hutdieb), Jacob Kasdan (Stalljunge), Rusty Meyers (Conrad), Zeke Davidson (Mr. Parker), Lois Geary (Mrs. Parker), James Gammon (Dawson), Troy Ward (Baxter), Roy McAdams (großer Outlaw), Ray Baker (McKendrick), Joe Seneca (Ezra), Lynn Whitfield (Rae), Jeff Fahey (Tyree), Patricia Gaul (Kate), Amanda Wyss (Phoebe), Earl Hindeman (J.T.), Tom Brown (Augie), Jim Haynie (Bradley), Richard Jenkins (Kelly), Jerry Biggs (Bartender), Sam Gauny (Deputy Garth), Ken Farmer (Deputy Kyle), Bill McIntosh (Deputy Charlie), Charlie Seybert (Ladenbesitzer), Jane Beauchamp (Nachbarin), Jerry Block/Ben Zeller (Städter), Pepe Serna (Scruffy), Ted White (Hoyt), Ross Loney (Red), Walter Scott (Swann), Bob Terhune (Cowboy)
Laufzeit 132 Minuten (OF/DF)
Uraufführung 10. Juli 1985
Deutsche Erstaufführung 9. Januar 1986
Verleih Warner-Columbia (Kino), RCA-Columbia (Video)

»*Silverado* ist eine faszinierende Anthologie aller Westernmotive, eine atemlose Hommage an den Westen als Arena für das elementare Drama von Gut gegen Böse (…) Die Landschaft ist großartig, die Pferde sind schnell, die Cowboys besitzen einen frischen jugendlichen Charme. Vor allem ist der Film eine optische Delikatesse: Hauptsächlich im Herbst und Winter gedreht, in Arizona und New Mexico, herrschen Schattierungen in Schwarz, Braun und Beige vor. Zartblaue Himmel über dem liebevoll nachgebauten Westernstädtchen und über Sandwüsten, ausgebleichter Prärie und Schneeweiten.«

Siegfried Schober, Die Zeit

»*Silverado* ist ein Gemansche: Familiensage; Landnahme im Westen; Terror der Viehbarone; streunende Gauner; korrupte Sheriffs; diskriminierte Schwarze; Kleinmut versus Gerechtigkeitssinn; Triumph des Guten über den inneren Schweinehund; und vor allem Ballade von der Männerfreundschaft: Vier gegen den Rest der Welt. Die ausgeprägte Typisierung der Akteure kann über mäßige schauspielerische Leistungen nicht hinwegtäuschen, ebensowenig die aufdringlich kunstvolle Kameraarbeit oder die sprunghafte Montage darüber, daß Kasdan keinen Stil für seinen Film findet. (…) Der Mythos stellt sich nicht ein, die Bilder geben ihm keinen Raum und schon gar keine Zeit zur Entfaltung, sie stoßen den Zuschauer immer mit der Nase auf das, was er in ihnen selbst finden müßte.«

HS, Frankfurter Rundschau

»Zwar gibt es großartige Landschaftsbilder in *Silverado*, aber die Landschaft als jenes Element, das die Erzählung trägt, gibt es nicht mehr; die Landschaft ist Staffage, ist Schauplatz nur noch. Und so geht *Silverado* denn auch die epische Geduld ab, denn jede Situation schlägt sogleich in Handlung um, jede Episode kulminiert in Gewalt. Die Helden? Sie sind keine Stars wie einst, die meistens zwar auch gute Schauspieler waren. Jetzt sind die Helden Schauspieler, vortreffliche allesamt, mit denen der Zuschauer sich aber in keiner weise mehr identifizieren kann. Es sind Figuren zwar, die einen charakterlich genauen Umriß haben, die aber kaum mehr individuell Emotion auslösen; vielmehr nehmen sie sich aus als Figuren in einem Schachspiel der Gewalt, die schließlich den anderen überlegen sind, die einen so gewalttätig wie die anderen.«

ms, Neue Zürcher Zeitung

11. American Flyers (Die Sieger – American Flyers)

USA 1985 *Regie* John Badham *Produktion* WW Productions. Für Warner Bros. (Gareth Wigan, Paula Weinstein) *Beteiligter Produzent* Gregg Champion *Aufnahmeleitung* Wallace Worsley *Location Manager* Mark Indig *Regieassistenz* Jerry Ziesmer, Tena Yatroussis, Bryan Denegal *Regie 2. Team* Gregg Champion *Drehbuch* Steve Tesich *Kamera* Don Peterman (Panavision, Technicolor) *Kameraführung* Keith Peterman *Motorradkamera* Scott Dockstader *Terra-Flite* Bill Bennett *Kamera 2. Team* Frank Holgate *Schnitt* Frank Morriss, (Zusätzlich) Dallas Puett, Jeff Jones

Production Design Lawrence G. Paull *Dekor* Garrett Lewis *Set Design* Joseph Nemec III *Kostüme* Marianna Elliott *Garderobe* Peter Saldutti, Gary Saldutti, Patricia Lopez *Make-up* Mark Reedall *Mattes* Dream Quest Images *Spezialeffekte* Matt Sweeney *Musiküberwachung* Becky Shargo *Musik* Lee Ritenour, Greg Mathieson *Musikschnitt* Nancy Fogarty *Songs* »Brand New Day« von Greg Matheson, Lee Ritenour und Trevor Veitch, gespielt von Danny Hutton; »Dirty Dog« von Billy Gibbons, Dusty Hill und Frank Beard, gespielt von ZZ Top; »Gone Ridin« von Chris Isaak; »Bad Moon Rising« von John Fogerty, gespielt von Creedence Clearwater Revival; »American Flyers« von Jon Reede und Marc Tanner, gespielt von Cglenn Shorrock *Tonschnitt* Milton C. Burrow, William L. Manger (Leitung), Scott Burrow, David Horton, Lorane Mitchell *Tonaufnahme* Willie Burton (Dolby Stereo) *Tonüberspielung* Wayne L. Artman, Tom Beckert, Tom E. Dahl *Fahrradtrainer* John Garber *Stuntkoordination* Greg Walker *Fahrradstunts* Chris Barrett *Stunts* Mark Donaldson, Greg Elam, Marcia Holley, Steve Kelso, Beth Nuffer, Walter Robles, Pat Romano *Titeldesign* Wayne Fitzgerald

Darsteller KEVIN COSTNER (Marcus Sommers), David Grant (David Sommers), Rae Dawn Chong (Sarah), Alexandra Paul (Bekky), Janice Rule (Mrs. Sommers), Luca Bercovici (Muzzin), Robert Townsend (Jerome), John Amos (Dr. Conrad), Doi Johnson (Randolph), John Garber (Belov), Jennifer Grey (Leslie), James Terry/Jessica Nelson (Tramper), Tom Lawrence (Zeitnehmer), Brian Drebber (Rennansager), Judy Jordan (Reporterin), Katherine Kriss (Vera), Jan Speck (Empfangsdame), Greg Walker (Fotograf), Sig Frolich (Angestellter), John J. Caraccioli/Barbara Hinchcliffe (Autogrammjäger), Bobby Anderson/Peter Boyles/K.C. Carr/Martin Chenoweth/Jim Flanagin/Steven Burch/Kate Sullivan (Reporter), Gregg Hayden Bilson II/Christine Blackwell/Michael Harshberge/Craig Manning/Brad Peterman/Chris Ziesmer (Offizielle beim Rennen), Eddie Merckx (als er selbst), Emanuel Alongi, John Barvik, John Bower, Scott Christopher, Wesley Falker, Lindsay Hankins, Ray Hilliard, Fritz Johnston, Scott Noakes, Brian Searchinger, Bruce Thompson, Splinter Wrenn

Laufzeit 114 Minuten (OF/DF)
Uraufführung 16. August 1985

Deutsche Erstaufführung Dezember 1986
Verleih Warner Home (Video)

»Regisseur Badham verzichtet auf Rührseligkeit und allzugroßes Pathos. Auch sind seine Hauptfiguren keine keinfreien Superhelden, sondern glaubhafte Durchschnittstypen, so daß die Lösung des Bruderkonflikts bald mehr interessiert als der Ausgang des spannenden Rennens. Dennoch bildet das aufregend gefilmte Radrennen den dramatischen Höhepunkt dieses sehenswerten Films.«

Karsten Prüßmann, Spektrum Film

»*American Flyers* ist dann am erfolgreichsten, wenn es unbelastet durch große Statements einfach nur dahinrollt. Leider pumpt die schwülstige Produktion ihre heiße Luft in zuviel Richtungen und steht am Ende mit einem Plattfuß da. Alles im Film, angefangen von den wirbelnden Luftaufnahmen des Rennens über den überhitzten Familienstreit bis hin zum Panavision-Format, müht sich ab, das Ganze wichtiger zu machen, als die Geschichte es erträgt. Obwohl Drehbuchautor Steve Tesich mit dem Fahrradfilm *Breaking Away* einen Volltreffer gelandet hat, ist *American Flyers* insgesamt zu exzentrisch und zu schlecht konstruiert; nur gelegentlich zeigt sich ein geschickter Touch.«

Jagr., Variety

12. The Untouchables (The Untouchables – Die Unbestechlichen)

USA 1987 *Regie* Brian de Palma *Produktion* Paramount (Art Linson) *Beteiligter Produzent* Ray Hartwick *Produktionskoordination* Shari Leibowitz *Aufnahmeleitung* Ray Hartwick *Location Manager* Eric Schwab *Regieassistenz* Joe Napolitano, James W. Skotchdopole, Richard Patrick, Glenn Trotiner *Drehbuch* David Mamet (inspiriert durch die gleichnamige Fernsehserie und die Werke von Oscar Fraley, Eliot Ness und Paul Robsky) *Kamera* Stephen H. Burum (Panavision, Technicolor) *Kameraführung* Douglas Ryan, Frank Miller *Chapman-Kran* Kendall A. Reed *Schnitt* Jerry Greenberg, Bill Pankow *Beteiligter Cutter* Ray Hubley *Art Direction* William A. Elliott *Visuelle Beratung* Patrizia von Brandenstein *Set Design* E.C. Chen, Steven P. Sardanis, Gil Clayton, Nicholas Laborczy *Dekor* Hal Gausman

AL CAPONE.
Er beherrschte Chicago mit absoluter Macht. Keiner konnte ihn aufhalten.

Bis Eliot Ness
und seine Männer sich schworen, ihn zu vernichten.

THE
UNTOUCHABLES
– DIE UNBESTECHLICHEN –

PARAMOUNT PICTURES PRÄSENTIERT EINE ART LINSON PRODUCTION · EIN BRIAN DE PALMA FILM
THE UNTOUCHABLES · KEVIN COSTNER · CHARLES MARTIN SMITH · ANDY GARCIA
ROBERT DE NIRO als AL CAPONE und SEAN CONNERY als MALONE
Musik ENNIO MORRICONE · Visual Consultant PATRIZIA VON BRANDENSTEIN · Schnitt JERRY GREENBERG
Art Director WILLIAM A. ELLIOTT · Kamera STEPHEN H. BURUM, A.S.C.
Drehbuch DAVID MAMET · Produktion ART LINSON · Regie BRIAN DE PALMA · EIN PARAMOUNT FILM IM VERLEIH DER

Set Dresser Kim S. Hobbs *Kostüme* Marilyn Vance-Straker *Garderobe* Giorgio Armani *Kostümüberwachung* Winnie D. Brown, Dan Lester, Cheryl Weber, Tom Dickason *Make-up* Michael Hancock *Optische Effekte* EFX Unlimited, Janos Pilenyi, Associates & Ferren *Spezialeffekte* Albert Delgado (Leitung), Allen Hall (Koordination), Charles E. Stewart *Musik/Musikalische Leitung/Orchestrierung* Ennio Morricone *Auszüge* »Vesti la Guib-

135

ba« aus »I Pagliacci« von Ruggiero Leoncavallo, gesungen von Mario del Monaco; »Mood Indigo« von Duke Ellington, Irving Mills und Barney Bigard, arrangiert von Bob Wilber *Musiküberwachung* Emile Charlap *Musikschnitt* Thomas Drescher *Tonschnitt* Dan Sable (Leitung), Jack Fitzstephens, Abe Nejad, Michael Steinfeld, Sanford Rackow, Kevin Lee, Hastings Editorial *ADR-Schnitt* Harriet Fidlow Winn *Tonaufnahme* Jim Tanenbaum, (Musik) Mike Farrow (Dolby Stereo) *Tonüberspielung* Dick J. Vorisek, Ken S. Polk, Trans/Audio Inc. *Foley-Überwachung* Foley Artists/Elisha Birnbaum *Technische Beratung* Douglas Kraner *Stuntkoordination* Garry Hymes *Stunts* Danny Rogers, J.N. Roberts, Eddy Donno, Roy Harrison, Gil Combs, Greg Brickman, Rick LeFevour, Stacy Logan, Joe Gilbride, Kay Whipple, Frank Ferrara, Bob Herron, Jim Halty, Justin DeRosa, Steve Holladay, Pat McNamara, Tim Davison, Jeff Jensen, Gary Epper, Matt Johnston, Ted Barba, Rusty Hendrickson *Titeldesign* Greenberg Associates

Darsteller KEVIN COSTNER (Eliot Ness), Sean Connery (Jim Malone), Charles Martin Smith (Oscar Wallace), Andy Garcia (George Stone), Robert de Niro (Al Capone), Richard Bradford (Mike), Jack Kehoe (Payne), Brad Sullivan (George), Billy Drago (Frank Nitti), Patricia Clarkson (Ness' Frau), Vito D'Ambrosio (Chauffeur mit Krawatte), Steven Goldstein (Scoop), Peter Aylward (Lt. Anderson), Don Harvey (Preseuski), Robert Swan (Captain der Mounties), John J. Walsh (Bartender), Del Close (Alderman), Colleen Bade (Mrs. Blackmer), Greg Noonan (Leiter des Schießstands), Sean Grennan (Polizistencousin), Larry Viverito sr. (italienischer Kellner), Kevin Michael Doyle (Williamson), Mike Bacarella (Ganove im Mantel), Michael P. Byrne (Ness' Sekretär), Kaitlin Montgomery (Ness' Tochter), Aditra Kohl (Blackmer-Mädchen), Charles Keller Whatson/Larry Brandenburg/Chelcie Ross/Tim Gamble (Reporter), Sam Smiley/Pat Billingsley (Anwälte), John Bracci (Dicker), Jennifer Anglin (Frau im Lift), Eddie Minasian (Butler), Tony Mockus sr. (Richter), Will Zahrn (Verteidiger), Louis Lanciloti (Friseur), Vince Viverito/Valetino Cimo/Joe Greco/Clem Caserta/Bob Martana/Joseph Scianablo/George S. Spataro (Leibwächter), Melody Rae (Frau am Bahnhof), Robert Miranda (Erschossener), James Guthrie (Pagliacci), Basil Reale (Hotelangestellter)

Laufzeit 120 Minuten (OF/DF)
Uraufführung 3. Juni 1987
Deutsche Erstaufführung 15. Oktober 1987
Verleih UIP (Kino), CIC (Video)

»De Palma erzählt, was er erlebt hat – als er im Kino saß. Der Mythos vom Gangsterboß Capone funktioniert auch heute noch. Doch De Palma belebt nicht den mythos, sondern nur seine Sicht darauf. *The Untouchables* ist ein Film im Präsens, oder besser noch, in der Zeitlosigkeit des Kinos, der Träume (…) Daß in dieser erbarmungslosen Auseinandersetzung aus allen Rohren geschossen und jede Menge Blut vergossen wird, ist ein reiner Akt des Surrealismus. Das hat weniger mit den Gesetzen des Gangsterfilms zu tun als mit der obsessiven Logik des Traums, die Unvereinbares zusammenbringt. Wie anders wäre es zu erklären, daß Charaktere, die offenbar nur aus Zelluloid bestehen, plötzlich bluten können?«

Michael Althen, Süddeutsche Zeitung

»The Untouchables«. Sean Connery wurde für sein Porträt des irischen Cops Malone mit dem Oscar ausgezeichnet

137

»De Palma hat nichts zu erzählen, also zelebriert er Kunst – die simple und abstrakte Kunst des Mordes. Diese Kunst ist eine Waffe im Kampf De Palmas, Kalkül heißt eine andere und die dritte, wirksame Waffe ist die Technik. Von Eisenstein (den er zitiert) und Kuleschow (dem er huldigt) hat De Palma gelernt, wie man Zuschauer wehrlos macht. Eisensteins *Montage der Attraktionen* hat De Palma weiterentwickelt: zur Montage der Attacken. Spannender als das Duell der Gangster mit den Polizisten sind die Angriffe des Filmers auf den Sinn des Publikums: Jedes Bild will Bombe sein, jeder Schnitt ein Zünder. Im Schußfeld aber steht, fällt und stirbt schließlich die Frage: Wozu das ganze? Die Alcaponemaschine, ein Stück des absurden Kinos.«

Claudius Seidl, Die Zeit

»Es entspricht der opulenten, auch mythologisierenden kinematographischen Oberflächengestaltung De Palmas, daß die tieferen Wirkungsweisen des Unterweltsyndroms hier nicht mal angedeutet werden. Vor lauter angestrebter epischer Breite wird das Spannendste des Sujets verschenkt. Und Robert der Niros übel chargierende Zeichnung des Al Capone als eines lärmenden Popanz wirkt folglich doppelt lächerlich.«

Jochen Metzner, Der Tagesspiegel

»Sicherlich, der Frontverlauf zwischen Gut und Böse ist wohlvertraut und begradigt wie in den meisten Gangsterfilmen seit Jahrzehnten, und die Typen sind Stereotype, die für Western oder Detektiv-Stories allenfalls Aufzug und Waffen wechseln müssen. Schließlich nehmen auch die kunstvoll choreographierten Feuergefechte in der Regel verläßlich ihren Ausgang. Doch nicht das An-die-Wand-Stellen à la Hollywood, sondern das An-die-Wand-Spielen macht *The Untouchables* zu einem bemerkenswerten Film. Zwei stellen die anderen in den Schatten: Robert de Niro sorgt mit jedem seiner (nur) sechs Auftritte als maliziös jovialer Capone für einen Höhepunkt des Films; Sean Connery hilft dem Klischee vom sympathischen irischen Rauhbein auf eigene Füße.«

Uwe Schmitt, Frankfurter Allgemeine Zeitung

13. No Way Out (No Way Out – Es gibt kein Zurück)

USA 1987 *Regie* Roger Donaldson *Produktion* Orion (Laura Ziskin, Robert Garland) *Ausführender Produzent* Mace Neufeld

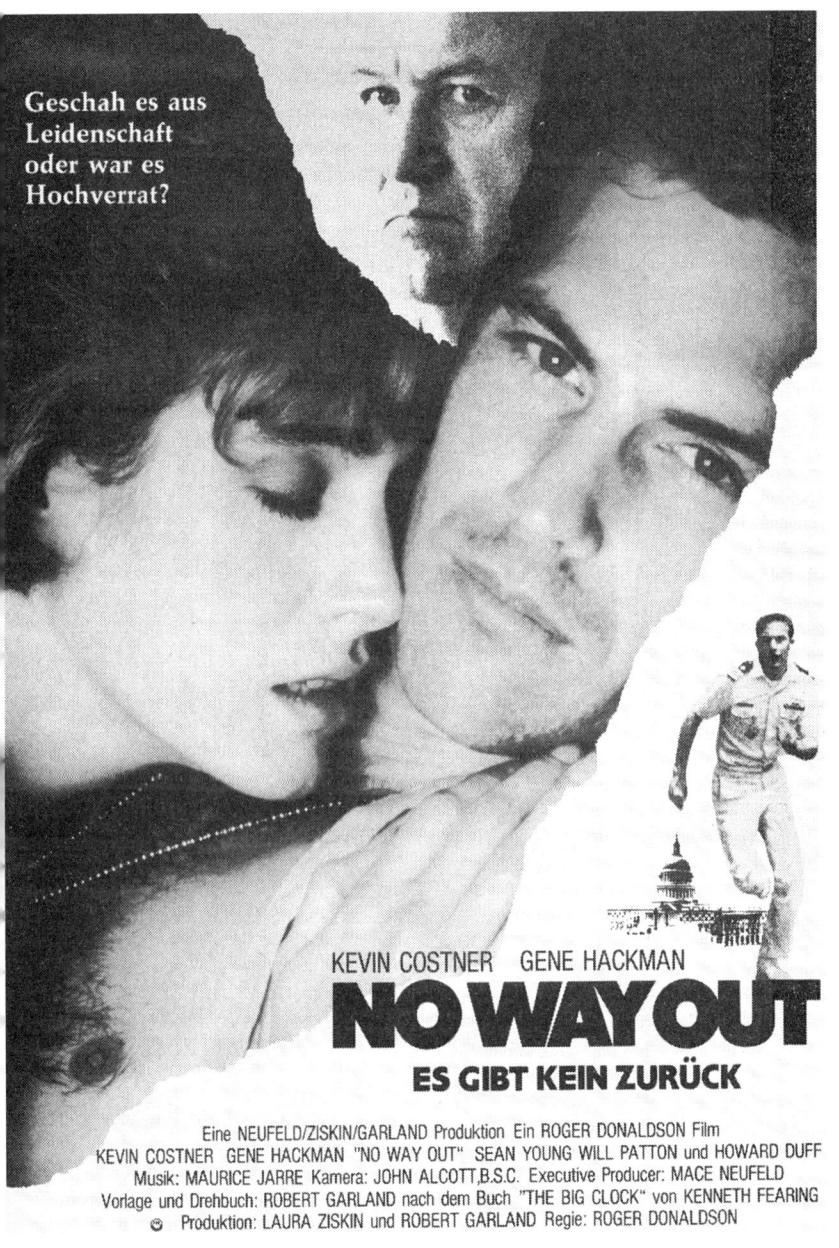

Geschah es aus
Leidenschaft
oder war es
Hochverrat?

KEVIN COSTNER   GENE HACKMAN

NO WAY OUT
ES GIBT KEIN ZURÜCK

Eine NEUFELD/ZISKIN/GARLAND Produktion Ein ROGER DONALDSON Film
KEVIN COSTNER GENE HACKMAN "NO WAY OUT" SEAN YOUNG WILL PATTON und HOWARD DUFF
Musik: MAURICE JARRE Kamera: JOHN ALCOTT,B.S.C. Executive Producer: MACE NEUFELD
Vorlage und Drehbuch: ROBERT GARLAND nach dem Buch "THE BIG CLOCK" von KENNETH FEARING
Produktion: LAURA ZISKIN und ROBERT GARLAND Regie: ROGER DONALDSON

Beteiligter Produzent Glenn Neufeld *Produktionskoordination* Richard Liebegott, (Neuseeland) Cathy Anderson *Aufnahmeleitung* Mel Dellar, (Neuseeland) William Grieve *Location Manager* Stuart Neumann *Überwachung Nachproduktion* Tony di Marco *Regieassistenz* Herb Adelman, Jim Charleston, Brad Yacobian, (Neuseeland) Tim Coddington, Victoria Hardy *Drehbuch* Robert Garland (nach dem Roman »The Big Clock« von Kenneth Fearing) *Kamera* John Alcott, (Neuseeland) Alun Bollinger (Metrocolor, Kopien von DeLuxe) *Kameraführung* Michael A. Benson, (Washington) Jeff Laszlo, Ron van Nostrand, William Steiner, Lawrence Williams jr., (Neuseeland) John Mahaffie *Steadicam* Steve St. John, (Washington) Bob Ulland *Gyrosphere* Jon Kranhouse *Videoassistenz* Phillip Silver *Schnitt* Neil Travis *Production Design* Dennis Washington, (Neuseeland) Kai Hawkins *Art Direction* Anthony Brockliss *Set Design* Dick McKenzie, Henry Alberti, Gerald Sigmon *Dekor* Bruce Gibeson *Sketche* Fred Lucky *Garderobe* George Little, Violet Cane *Make-up* Michael A. Hancock, Dennis A. Eger *Computervideoeffekte* Intervideo *Opticals* MGM *Spezialeffekte* Ken Durey (Leitung), Jack Monroe, Terry Frazee *Musik* Maurice Jarre (gespielt von Michael Boddicker, Michael G. Fisher, Ralph E. Grierson, Judd S. Miller, Nyle A. Steiner und Ian R. Underwood) *Musikschnitt* Jeff Carson, Jim Harrison *Songs* »No Way Out« von Paul Anka und Michael McDonald, gespielt von Julia Migenes und Paul Anka; »Say It« von Paul Anka und Michael McDonald, gespielt von Paul Anka; »Wild Thing« von Chip Taylor; »Do Ya Think I'm Sexy?« von Rod Stewart und Carmine Appice; »Twistin' USA« von Cal Mann *Tonschnitt* William Hoy, (Dialoge) Warren Chadwick *Foley-Schnitt* Alan Schultz *Tonaufnahme* Jack Solomon, (Neuseeland) Mike Westgate, (Musik) Joel Moss, Record Plant Scoring (Dolby Stereo) *Tonüberspielung* Doc Wilkinson, Richard Rogers, Charles »Bud« Grenzbach *Toneffekte* William Hartman *Toneffektschnitt* Richard Raderman, Eric Lindeman, Bob Cornett *Technische Beratung* William S. Graves *Stuntkoordination* Richard Diamond Farnsworth, (Neuseeland) Peter Bell *Stunts* Michael Adams, Donna Evans, Richard Diamond Farnsworth, Steve Kelso *Helikopterpilot* Marc Wolfe *Titeldesign* Pablo Ferro *Titel/Opticals* Ray Mercer & Co.

Darsteller KEVIN COSTNER (Tom Farrell), Gene Hackman (David Brice), Sean Young (Susan Atwell), Will Patton (Scott Pritchard),

Howard Duff (Senator Duvall), George Dzundza (Sam Hessel-man), Jason Bernard (Major Donovan), Iman (Nina Beka), Fred Dalton Thompson (Marshall), Leon Russom (Kevin O'Brien), Dennis Burkley (Mate), Marshall Bell/Chris D. (Contras), Michael Shillo (Schiller), Nicholas Worth (Cup Breaker), Leo Geter (Ensign Fox), Matthew Barry (Kofferträger), John DiAquino (Lt. John Chadway), Peter Bell (Seaman Dufor), Tony Webster (Steuermann), Matthew Evans (J.O.D.), Gregory Le Noel (Quartiermeister), Gregory Avellone/Jeremy Glenn/David Paymer/Charles Walker (Techniker), Bob Courts/Bruce Dobus/Eugene Robert Glazer/Darryl Henriques/John Hostetter/Michael Hungerford/Robert Kerman (CID-Leute), Joan McMurtrey (Programmierer), Jay Arlen Jones/Rob Sullivan (Marinewachen), Edith Fields (Lorraine), Frederick Allen (Eingezogener), Scott Freeman (MP), Noel Manchan (Computerangestellter), June Chandler (Margaret Brice), Lee Shael (Bandsänger), Jeffrey Sudzin (Mann mit Feuerzeug), Gordon Needham (Limousinenfahrer), Austin Kelly (Taxifahrer), Charles Middleton (Polizist am Flughafen), Stephen R. Asinas (Filipino), Terrance Cooper (Botschafter von Neuseeland), Dorothy Parke (Reporterin), Jill Clark/Cindy Keung/Steve Keung/Lorna Martyn/Arona McDonald (Maori-Tänzer)
Laufzeit 115 Minuten (OF), 114 Minuten (DF)
Uraufführung 14. August 1987
Deutsche Erstaufführung 3. März 1988
Verleih 20th-Century Fox (Kino), RCA-Columbia (Video)

»Donaldson hat einen Kassenschlager aus dem Nichts geschaffen (nichts außer losen Plotenden) und das beinahe ohne jede Unterstützung durch die Schauspieler. Als eifriger junger Aufsteiger hat Costner die angenehme Ausstrahlung eines Mannes, der nicht zuviel über sich selbst nachdenkt; er vermittelt den Eindruck, daß er einfach nur tut, was man von ihm erwartet. Und doch erscheint dieser agile Mensch, der den ganzen Film über in ständiger Bewegung ist, zugleich als die Essenz des Entspannten; er hat keinerlei innere Energie, keine Dynamik. Statt dessen ist es Donaldson, der dem Film seinen groben Schwung verleiht, doch mangels eines reichhaltigeren Drehbuchs gelingt es ihm nie, den Humor und die kleinen Andeutungen von Brutalität und Perversion einzubringen, die dem Film Noir Material etwas Biß und

Geheimnis verliehen hätten. Ein Thriller für Yuppies, ohne psychologische Tiefe.

Pauline Kael, The New Yorker

«Es ist typisch für den deprimierend modischen Ansatz des Films, daß Elsa Lanchester, die aufgedrehte Zeugin in John Farrows Original, die die Polizei dadurch ausbremste, daß sie ein sehr unrepräsentatives Porträt des betreffenden Mannes zeichnete, hier durch einen Computer ersetzt wurde, dessen langwierige Berechnungen jenes Übermaß an Technologie noch verstärken, welches ein offenbar unvermeidliches Klischee dieser Art von Filme ist. Wenn sich der Film einmal nicht bewußt zeitgemäß gibt, wird er entweder hoffnungslos abgedroschen oder hoffnungslos konventionell. Gene Hackman verbringt die meiste Zeit damit, düster und verwirrt dreinzuschauen; nur Kevin Costner und Sean Young, in einer Beziehung gefangen, die zugleich saftig, glaubwürdig und seltsam bewegend ist, spielen sehr viel besser, als es der Film verdient.«

Tom Milne, Monthly Film Bulletin

»*No Way Out* gleicht einem Mühlespiel, in dem es – der Titel legt es nahe – hauptsächlich um Zwickmühlen geht. Das Spielbrett heißt Washington. Schwarz ist die Macht und Weiß hat einen wichtigen Stein verloren (…) Wie im Alptraum. Bis man erwacht: Es war nur ein Film. Aber es ging um alles oder nichts. Wie im Spiel.«

Michael Althen, Die Zeit

14. Bull Durham (Annies Männer)

USA 1988 *Regie* Ron Shelton *Produktion* Mount Company. Für Orion (Thom Mount, Mark Burg) *Ausführender Produzent* David V. Lester *Beteiligter Produzent* Charles Hirschhorn *Produktionskoordination* Janice F. Sperling *Aufnahmeleitung* David V. Lester *Location Manager* Allen Custard *Regie 2. Team* Gene Corr *Regieassistenz* Richard J. Kidney, Nina Kostroff, Donald J. Lee jr., (2. Team) Ken Goch *Drehbuch* Ron Shelton *Kamera* Bobby Byrne (Farbe) *Zusätzliche Kamera* Charles Minsky *Kamera 2. Team* Bob Hillman *Kameraführung* William Eric Engler, (2. Team) Dick Meinardus *Video-Playback* Van Scarboro *Schnitt*

Robert Leighton, Adam Weiss *Production Design* Armin Ganz *Art Direction* David Lubin *Dekor* Kris Boxell, David Brace *Set Dressers* Dwain F. Wilson, Polar Bear, Kim T. McClees, Robert M. Beck, Ron Servicky *Illustration* Brick Mason *Scenic Artist* John Kelly *Kostüme* Deborah Latham *Garderobe* Alonzo Wilson, Robin Hill *Make-up* Cynthia Barr, Gigi Coker *Visuelle Effekte* Dan Ferri *Spezialeffekte* Vern Hyde, Jeff Hyde *Musik* Michael Convertino *Musikalische Überwachung* Danny Bramson *Musikschnitt* Ellen Segal *Songs* »Centrefield« von John Fogerty; »Rock Around the Clock« von Jimmy DeKnight und Max Friedman, gespielt von Bill Haley & the Comets; »Try a Little Tenderness« von Harry Woods, Jimmy Campbell und Reg Connelly, gespielt von Bennie Wallace und Mac »Dr. John« Rabenack; »Love Ain't No Triple Play« von Bennie Wallace und Mac »Dr. John« Rabenack; »All Night Dance« von Bennie Wallace, gespielt von Bennie Wallace, Stevie Ray Vaughan und Mac »Dr. John« Rabenack; »Baseball Boogie« von Jeff »Skunk« Baxter; »Born to Be Bad« von George Thorogood, gespielt von George Thorogood & the Delaware Destroyers; »Middle of Nowhere« von Gina Schock und Vance DeGeneres, gespielt von House of Schock; »Woman Loves Man« von Hanighen, Jenkins und Mercer, gespielt von Joe Cocker; »La Vie en rose« von Louiguy, Piaf und David, »Non, je ne regrette rien« von C. Dumont und M. Vaucaire, gespielt von Edith Piaf; »Can't Tear It Up Enuff« von Kim Wilson, gespielt von The Fabulous Thunderbirds; »Sixty Minute Man« von William E. Ward und Rose Marks, gespielt von The Dominoes, »Only a Memory« von Pat DiNizio, gespielt von The Smithereens; »You Done Me Wrong« von Pat McLaughlin; »When Will I Be Loved« von Phil Everly, gespielt von The Everly Brothers; »I Idolize You« von Ike Turner, gespielt von Ike & Tina Turner; »So Long Baby, Goodbye« von Dave Alvin, gespielt von The Blasters; »I Got Loaded« von Camille Bod, gespielt von Los Lobos *Tonschnitt* Larry Kemp, Lon E. Bender (Leitung), Neal R. Burger, Kevin Hearst, Lou Kleinman, Dan M. Rich, Jeff Watts, Lorna Anderson, Wylie Stateman *ADR-Schnitt* Devon Heffley Curry (Leitung), Stan Gilbert, Frank Smathers *Tonaufnahme* Kirk Francis, Michael Boudry, (Musik) Paul Brown, (2. Team) David Terry *ADR/Foley-Aufnahme* Dave Alstadter, Steve Cohen (Dolby Stereo) *Tonüberspielung* Robert W. Glass jr., Robert M. Thirlwell, Robert Minkler, (ADR) Alan Holly, (Foley) Richard L. Morrison, Jeff

Courtie *Foley* Paul Holzborn, Jim Moriana *Baseball-Beratung* Pete Bock *Produktionsberatung* Sam Goldrich *Stuntkoordination* Webster Whinery *Baseballtrainer* Grady Little *Titel* Dan Perri *Titel/Opticals* Cinema Research Corporation
Darsteller KEVIN COSTNER (Crash Davis), Susan Sarandon (Annie Savoy), Tim Robbins (Ebby Calvin »Nuke« LaLoosh), Trey Wilson (Joe »Skip« Riggins), Robert Wuhl (Larry Hockett), William O'Leary (Jimmy), David Neidorf (Bobby), Danny Gans (Deke), Tom Silardi (Tony), Lloyd Williams (Mickey), Rick Marzan (José), George Buck (Nukes Vater), Jenny Robertson (Millie), Greg Avelone (Doc), Carey »Garland« Bunting (Teddy), Robert Dickman (Whitey), Timothy Kirk (Ed), Don Davis (ängstlicher Schlagmann), Stephen Ware (verunglimpfter Schiedsrichter), Tobi Eshelman (Junge am Mal), C.K. Bibby (Bürgermeister), Henry G. Sanders (Sandy), Antoinette Forsyth (Ansagerin), Shirley Ann Ritter (Kellnerin auf Cocktailparty), Pete Bock (Priester), Alan Mejia (Chu Chu), Max Patkin (als er selbst), Sid Aikens, Craig Brown, Wes Currin, Butch Davis, Paul Devlin, Jeff Greene, Kelly Heath, Mo Johnson, Tim Kirk, Todd Kopeznski, John Lovingood, Eddie Matthews, Alan Paternoster, Bill Robinson, Dean Robinson, Tom Shultz, Sam Veraldi, El Chico Williams
Laufzeit 108 Minuten (OF/DF)
Uraufführung 15. Juni 1988
Deutsche Erstaufführung 30. März 1989
Verleih 20th-Century Fox (Kino), RCA-Columbia (Video)

»Daß Baseball-Regeln den meisten von uns ein Buch mit sieben Siegeln sind, müßte das Vergnügen an Ron Sheltons Sportler-Lustspiel keineswegs schmälern. Da Shelton dem Zuschauer jedoch gleich zu Beginn eine hocherotische Komödie verspricht, erweist sich sein Film rasch als dreiste Mogelpackung. Da hangelt sich das Team von einem schlappen Spiel zum anderen, und dem Drehbuch (ebenfalls von Shelton) fehlt jedes feinere Gespür für Spannung und Dramatik. Ein mögliches Vorbild jedenfalls – Hills rüde Eishockey-Klamotte *Schlappschuß* – verfehlt *Annies Männer* um etliche Längen.«

Otto Heuer, Rheinische Post

»Und warum kommt sowas in die Kinos? Nun ja, weil Kevin Costner mitspielt. Den nimmt die Dame zwar erst als Zweiten dran, aber der Primus des Films bleibt er doch. Und so marschiert

er bei seinem ersten Auftritt auch direkt auf die Kamera zu, bis
sein Gesicht in prima Großaufnahme erscheint.«

RKo, Stuttgarter Zeitung

15. Field of Dreams (Feld der Träume)

USA 1989 *Regie* Phil Alden Robinson *Produktion* Carolco International. Eine Gordon Company Produktion. Für Universal (Lawrence Gordon, Charles Gordon) *Ausführender Produzent* Brian Frankish *Beteiligter Produzent* Lloyd Levin *Produktion 2. Team* Puopolo Productions *Produktionsbeteiligung* Jean Frye, Wendy Spence, Kelly LeClere, Chris Prew, Brett Eilers, Derek Johansen, Mary Coyle, Eric Salmu, (Boston) Lou Puopolo jr. *Produktionskoordination* Pamela Hoffman *Aufnahmeleitung* Brian Frankish *Location Managers* Mitch Marcus, Bob Hudgins *Regieassistenz* William M. Elvin, Alan Edmisten, Grant Gilmore *Drehbuch* Phil Alden Robinson (nach dem Buch »Shoeless Joe« von W.P. Kinsella) *Kamera* John Lindley, (Boston) Ricky Bravo (DeLuxe Color) *Luftaufnahmen* John M. Stephens *Kameraführung* Ken Ferris, (Boston) Rick Raphael *Schnitt* Ian Crafford *Einleitende Montage* Melinda Sue Gordon *Production Design* Dennis Gassner *Art Direction* Leslie MacDonald *Set Design* Dawn Snyder, Kathleen McKernin *Dekor* Brian Kasch (Leitung), Nancy Haigh *Set Dressers* Claire Gaul, Leslie Linville *Scenic Artist* George Hinzo *Kostümentwurf* Linda Bass *Kostümüberwachung* P. Kay Morris *Make-up* Richard Arrington, (zusätzlich) Benita DeHaven, Cindy Stratton, Sharon McDonald, Lesly Ehrman *Visuelle Spezialeffekte* Industrial Light & Magic, (Leitung) Bruce Nicholson, (Produktionsüberwachung) Susan Fritz Monahan, (Koordination) Kim Nelson, (Aufnahmeleitung) Ian Bryce, (Optical-Kamera) Peg Hunter, (Kameraführung) Kim Marks, Marty Rosenberg, (Matte-Koordination) Robert Hippard, (visuelle Matte-Beratung) Richard Yuricich, (Matte-Künstler) Matthew Yuricich *Spezialeffekte* Robbie Knott *Musik* James Horner *Instrumentensolos* Ralph Grierson, Tony Hennigan, James Horner, Mike Taylor, Ian Underwood *Musikschnitt* Jim Henrikson, Nancy Fogarty, (Beteiligung) Jim Flamberg *Songs* »Crazy« von Willie Nelson, gesungen von Beverly d'Angelo; »Daydream« von John Sebastian, gesungen von The Lovin' Spoonful; »Jessica« von Dickie Betts, gesungen von The Allman Brothers; »China Grove« von Tom Johnston, gesungen von The Doobie Brothers; »Lotus

Blossom« von Billy Strayhorn, gespielt von Duke Ellington *Ton-schnitt* Sandy Gendler (Leitung), Noah Blough, Jayme Parker, Niels Jensen, Donald Meluth, John Morris *ADR-Schnitt* Becky Sullivan Coblentz *Foley-Schnitt* Solange Schwalbe Boisseau (Leitung), Donald Flick *Tonaufnahme* Russel Williams II, Jim Cavarretta, Jack Keller, Jeanette Cremarosa, (Musik) Shawn Murphy *ADR-Aufnahme* Elizabeth Snyder DeSantis *Foley-Aufnahme* Robert Edmondson (Dolby Stereo) *Tonüberspielung* Donald O. Mitchell, Kevin O'Connell, Rick Kline, (ADR) Bob Deschaine, (Foley) Lee Tinkham *Toneffekte* Ken Johnson *Loop Group* Leigh French *Foley* Joan Rowe, Jerry Trent *Stuntkoordination* Randy Peters *Farmberatung* Eldon Trumm *Baseballtrainer* Rod Dedeaux, Gene Potts *Helikopterpilot* T. David Jones *Titeldesign* Dan Perri *Opticals* Cinema Research Corporation
Darsteller KEVIN COSTNER (Ray Kinsella), Amy Madigan (Annie Kinsella), James Earl Jones (Terence Mann), Timothy Busfield (Mark), Ray Liotta (»Shoeless« Joe Jackson), Burt Lancaster (Dr. »Moonlight« Graham), Gaby Hoffmann (Karin Kinsella), Frank Whaley (Archie Graham), Dwier Brown (John Kinsella), James Andelin (Feed Store Farmer), Mary Anne Kean (Frau im Feed Store), Fern Persons (Annies Mutter), Kelly Coffield (Dee), Michael Milhoan (Buck Weaver), Steve Eastin (Eddie Cicotte), Charles Hoyes (Swede Risberg), Art LaFleur (Chick Gandil), Lee Garlington (Beulah), Mike Nussbaum (Rektor), Larry Brandenburg/Mary McDonald Gershon/Robert Kurcz (Zwischenrufer in der Elternversammlung), Don John Ross (Metzger in Boston), Bea Fredman (Yenta in Boston), Geoffrey Nauffts (Pumpjockey in Boston), Anne Seymour (Herausgeberin der Chisholm Newspaper), C. George Biasi/Howard Sherf/Joseph Ryan (Männer in der Bar), Joe Glasberg (Kunde), Mark Danker/Frank Dardis/Jim Doty/Mike Goad/Jay Hemond/Mike Hodge/Steve Jenkins/Terry Kelleher/Ron Lucas/Fred Martin/Curt McWilliams/Jude Milbert/Steve Olberding/Gene Potts/James Rogh/Paul Scherrman/Dale Till/Tom Vogel (zusätzliche Spieler), Brian Frankish (glattrasierter Schiedsrichter), Jeffrey Neal Silverman (glattrasierter Mittelfeldspieler)
Laufzeit 106 Minuten (OF), 105 Minuten (DF)
Uraufführung 20. April 1989
Deutsche Erstaufführung 24. August 1989
Verleih Scotia (Kino), UFA (Video)

146

»Der Regisseur Phil Alden Robinson erzählt Unglaubliches, aber nie Irreales. Der Film kommt fast ganz ohne technische Tricks aus. Das Kommen und Gehen, das Hin und Her über die Grenze von Leben und Tod erstaunen den Betrachter genauso wenig wie die Filmfiguren. Um so realistischer ist der Film fotografiert, die Bilder lassen in ihrer Strenge die Farben vergessen, sie kommen den Schwarzweißfilmen der vierziger und fünfziger Jahre nahe. Wann auch immer man sich im Phantastischen verlieren möchte, sorgt Robinson mit banalen Details, etwa dem toten Geflügel in einem Schaufenster dafür, daß man in die Wirklichkeit zurückfällt.«

Andrea Luckhardt, Frankfurter Allgemeine Zeitung

»*Feld der Träume* ist eine Art Frank Capra-Film der 80er Jahre. Das Wunderbare wird ernstgenommen und für das gute Amerika dienstverpflichtet: Die Träume der Vergangenheit retten und durch sie die Zukunft gewinnen! Und Baseball, sagt James Earl Jones als Ex-Aktivist und Schriftsteller der 60er Jahre, das war und ist eine Konstante durch alle Zeiten hindurch. Es steht für das, was gut war, und dafür, daß es wieder gut werden könnte. Natürlich möchte man gern daran glauben, und der Film bietet auch allerhand Aufwand, um uns zu überzeugen. Aber gerade in der letzten halben Stunde, wenn der Film jeden und alles erlösen will, ist er geradezu getränkt von Vergangenheit.«

Rupert Koppold, Film-Echo

»Ob das hier der Himmel sei, wird Costner gefragt. Nein, Iowa, antwortet er, aber er ist sich nicht sicher. Ein ähnliches Gefühl kommt einem beim Zusehen. Dieses Kino gibt es eigentlich längst nicht mehr. Nicht nur wegen Capra-Touch und Märchencharakter. Die Figuren, ihre Darsteller und die Idee des Films bilden eine unauflösliche Einheit: Sie meinen es ernst, in jeder Einstellung. Sie spielen um das Leben, damit es einen Sinn gibt, konzentriert und traumwandlerisch sicher. Leben, Tod, Traum und Phantasie – es ist alles übergangslos auf dem einen Feld versammelt. Nur so, denkt man, sollte das Kino dem Leben gegenübertreten.«

Milan Pavlovic, Kölner Stadt-Anzeiger

16. Revenge

USA 1990 *Regie* Tony Scott *Produktion* Rastar. Für Columbia (Hunt Lowry, Stanley Rubin) *Ausführender Produzent* KEVIN COSTNER *Beteiligter Produzent* Jim Wilson *Produktionskoordination* Susan Dukow, (Mexiko) Rosamarie Roffiel, (Los Angeles) William Johnson *Aufnahmeleitung* Patrick Crowley, (Mexiko) Anna Roth *Location Managers* Adolfo Navarro, Lilly Flaschner *Beteiligung Nachproduktion* Bobette Buster *Regieassistenz* Hunt Lowry, James Skotchdopole, (Mexiko) Bob Wilkins, Mario Cisneros, Guillermo Carreno, Efren del Moral *Drehbuch* Jim Harrison, Jeffrey Fiskin (nach der Kurzgeschichte von Jim Harrison) *Kamera* Jeffrey Kimball (Panavision, DeLuxe Color) *Kameraführung* Michael Genne, Guillermo Rosas *Schnitt* Chris Lebenzon, Michael Tronick *Beteiligter Cutter* Christian Wagner *Production Design* Michael Seymour, Benjamin Fernandez *Art Direction* Tom Sanders, Jorge Sainz *Dekor* Crispian Sallis, Fernando Solorio *Set Dressers* Theresa Wachter, Melo Hinojosa, Carlos Gutierrez, Patrice Laure *Kostümentwurf* Aude Bronson-Howard *Kostümüberwachung* Gilda Texter, Christa von Humboldt *Garderobe* Clementian Esquivel *Make-up* Ellen Wong (Entwurf), Ester Oropeza *Spezielle Make-up-Effekte* Frank Carrisosa *Prothetische Effekte* Michael Westmore *Spezialeffekte* Jesus Duran *Musik* Jack Nitzsche (gespielt von Bradford Ellis) *Musikproduktion* Michael Hoenig *Musikschnitt* Richard Whitfield *Songs* »Are You Ready« von Joanna St. Claire; »Ay te dejo en San Antonio« von Santiago Jimenez; »Hace un ano« von F. Valdes Leal; »Pa'que me sirve la vida« von Chucho Monge, gespielt von Los Tres Ases; »La Bamba« adaptiert, arrangiert und gesungen von Ritchie Valens *Tondesign* Sandy Berman, Randle Akerson *Tonschnitt* Bruce Fortune, Jay Kamen, Howell Gibbens, Marvin Walowitz, Mark Pappas, Joe Dorn *ADR-Schnitt* Thomas Whiting, Jessica Gallavan *Tonaufnahme* David MacMillan (Dolby Stereo) *Tonüberspielung* Kevin O'Connell, Rick Kline, Jeff Haboush *Foley* Sarah Monat, Robin Harlan *Stuntkoordination* Terry Leonard *Stunts* Kathryn Brock, Dave Cass, Harry Hauss, Heather Irbinkas, Robert Jauregui, Kim Kahana jr., Clay Lacy, Terry Leonard, Mitchell Masoner, Mike McGaughy, Jim Pratt, Walter Scott *Titel/Opticals* Cinema Research Corporation
Darsteller KEVIN COSTNER (Cochran), Anthony Quinn (Tiburon Mendez), Madeleine Stowe (Miryea), Tomas Milian (Ce-

»Revenge«. Mit Madeleine Stowe und Anthony Quinn

sar), Joaquin Martinez (Mauro), James Gammon (Texaner),
Jesse Corti (Medero), Sally Kirkland (Rockstar), Luis de Icaza
(Ramon), Gerardo Zepeda (Elefante), Miguel Ferrer (Ama-
dor), John Leguizamo (Ignacio), Joe Santos (Ibarra), Christo-
fer de Oni (Diaz), Daniel Rojo (Vaquero), Edna Bolkan (Ro-
xanne), Pia Karina (Rochelle), Monica Hernandez (Neli),
Julian Pastor (Quinones), Claudio Brook (Barone), Trini Ro-
driquez (La Vieja), Mauricio Ruby (Resabio), Gilberto Com-

pan (Roberto), Karmin Murcelo (Madam), Alfredo Cienfuegos (Antonio), Salvador Garcini (Arzt), Kathleen Hughes (Oberin), Rosa Radjune/Julieta Egurrola (Nonnen), Jorge Pascual Rubio (Mendoza)
Laufzeit 124 Minuten
Uraufführung 16. Februar 1990

»Diese Verfilmung von Jim Harrisons schimmernder Kurzgeschichte ist alles andere als vollkommen, doch ihr romantischer Schwung und ihre elementare Gewalt übertünchen letztlich alle Fehler (…) Als Mann, dessen Leidenschaften ihn über die Grenzen von Gut und Böse treiben, bekommt das Publikum Kevin Costner diesmal aus einem völlig anderen Blickwinkel zu sehen.«

Daws., Variety

»Neben Anthony Quinns gebieterischem Autokraten Mendez und einigen liebenswerten Nebenrollen verleiht Costners Spiel einer Geschichte, der es ansonsten sowohl an Schwung wie auch an Kraft fehlt, einen soliden dramaturgischen Kern. Die eigentliche Schuld liegt bei *Top Gun*-Regisseur Tony Scott, der sich als ehemaliger Werbefilmer so stark auf den Look der überkonstruierten Set Pieces konzentriert, daß es ihm nicht gelingt, das Plot voranzutreiben. Eine zweite, ebenso fatale Schwäche besteht darin, daß Scott künstlich erschaffene Stilisierung mit echter visueller Textur verwechselt; bereits aus sich heraus beeindruckende Naturlandschaften zum Beispiel werden laufend durch gefärbte Filter aufgenommen.«

Nigel Floyd, Monthly Film Bulletin

17. Dances with Wolves (Der mit dem Wolf tanzt)

USA 1990 *Regie* KEVIN COSTNER *Produktion* Tig Productions. In Zusammenarbeit mit Majestic (KEVIN COSTNER, Jim Wilson) *Ausführender Produzent* Jake Eberts *Line Producer* Derek Kavanagh *Beteiligter Produzent* Bonnie Arnold *Produktionskoordination* Doris Hartley *Aufnahmeleitung* Derek Kavanagh *Location Manager* Tim Wilson *Regie 2. Team* John Huneck, Philip C. Pfeiffer *Regieassistenz* Douglas C. Metzger, Stephen P. Dunn, Linda J. Brachman *Drehbuch* Michael Blake (nach seinem Roman) *Kamera* Dean Semler (Panavision, DeLuxe Color) *Kamera 2. Team* John Huneck, Philip C. Pfeiffer *Kameraführung* James

Ab 21. Februar
im Kino

TIG PRODUCTIONS IN ZUSAMMENARBEIT MIT MAJESTIC FILMS INTERNATIONAL ZEIGT
KEVIN COSTNER

DER MIT DEM WOLF TANZT

MARY McDONNELL GRAHAM GREENE RODNEY GRANT
MUSIK JOHN BARRY KAMERA DEAN SEMLER, A.C.S. SCHNITT NEIL TRAVIS, A.C.E.
EXEKUTIVE PRODUZENT JAKE EBERTS GEDREHT NACH MICHAEL BLAKE NACH SEINEM PRODUZENT JIM WILSON UND KEVIN COSTNER REGIE KEVIN COSTNER

DOLBY STEREO   Constantin Film

Muro, (zusätzl.) S. Phillip Sparks *Steadicam* James Muro *Video* Blair Forward, Tim Merrill *Schnitt* William Hoy, Stephen Potter, Chip Masamitsu *Production Design* Jeffrey Beecroft *Art Direction* William Ladd Skinner *Dekor* Lisa Dean *Set Dressers* Dayna Lee, Paul Aurther Hartman, (On-Set) Dwain F. Wilson, Steven K. Barnett *Illustrierung* Steve Burg, Leonard Morganti *Kostüme* Elsa Zamparelli (Entwurf), Birgitta Bjerke *Garderobe* Barbara Gordon *Make-up* Frank Carrisosa (Leitung), David Atherton *Spezialeffekte* Robbie Knott *Mechanische Tiere* KNB Effects Group *Büffeleffekte* Robert Kurtzman, Greg Nicotero, Howard Berger, Shannon Shea *Modelle* Andrew Precht *Musik/Musikalische Leitung* John Barry *Zusätzliche Musik* Peter Buffett *Musikberatung* John Coinman *Orchestrierung* Greig McRitchie *Musiküberwachung* John Coinman *Musikschnitt* Clif Kohlweck *Tondesign* Robert Fitzgerald *Tonschnitt* Hari Ryatt, Robert Fitzgerald (Leitung), Bruce Stubblefield, Linda Moss, Albert Gasser, Jeff Rosen, Howard Gindoff, Ed Fassl *ADR-Schnitt* Barbara Barnaby (Leitung), Chris Jargo *Foley-Schnitt* John Duvall, Joel Berkovitz *Tonaufnahme* Russell Williams, Mary Jo Devenney, (Musik) Shawn Murphy, Susan McLean *ADR* Burton Sharp (Koordination), Doc Kane (Aufnahme) *Foley-Aufnahme* Tim Hoggat (Dolby Stereo) *Tonüberspielung* Jeffrey Perkins (Leitung), Andy Napell, Bill Benton, Larry Hoki *Foley* Dan O'Connell, Alicia Stevenson *Technische Beratung* Cathy Smith, Larry Belitz *Stuntkoordination* Norman L. Howell *Stunts* Ricky DeHorse, Wade Livermont, Robby Dunn, Jim Pratt, C.L. Johnson, Shawn Howell, Duffy Ducheneaux, James Augare, Alvin »Dutch« Lunak, Dan Koko, Erik Rondell, Rusty Hendrickson, Terrance Eugene Fredericks, William H. Burton, Steve Chambers, Danny Costa, H.P. Evetts, Cliff McLaughlin, Steven Earl Martin, Kanin Howell, (Büffeljagd) Billy Joe Fredericks, Jeff Fredericks, Pete Fredericks, Gumbo Lamb, Bruz Luger, Jody Luger, Tim Jacobs, Fred Skaggs, Tater Ward, Loren Cuny *Kevin Costners Stuntdouble* Norman L. Howell *Koordination historische Sequenzen* Andy Cannon *Tierdressur* Rusty Hendrickson (Leitung), Rick Wyant, Scotty Augare, Dutch Lunak, R.L. Curtin, Bob Erickson, Ingrid »Tilly« Semler, Roy Vavra, (Kleintiere) S. Fox Sloan, Dan Wesson *Wolfdressur* Paul »Sled« Reynolds, Gayle Phelps, (zusätzlich) Living Legends, Fred DuBray, Alune DuBray *Bisonberatung* Roy Houck, Duane Lammers *Helikopterpilot* Gary E. Pfaff *Titeldesign*

Matsuno Design Group *Titel* Cinema Research Corporation
Darsteller KEVIN COSTNER (Lt. John J. Dunbar, Der mit dem Wolf tanzt), Mary McDonnell (Steht mit einer Faust), Graham Greene (Strampelnder Vogel), Rodney A. Grant (Wind in seinem Haar), Floyd Red Crow Westerman (Zehn Bären), Tantoo Cardinal (Schwarzer Schal), Robert Pastorelli (Timmons), Charles Rocket (Lt. Elgin), Maury Chaykin (Major Fambrough), Jimmy Herman (Steinkalb), Nathan Lee Chasing His Horse (Lächelt Viel), Michael Spears (Otter), Jason R. Lone Hill (Worm), Tony Pierce (Spivey), Doris Leader Charge (Pretty Shield), Tom Everett (Sergeant Pepper), Larry Joshua (Sergeant Bauer), Kirk Baltz (Edwards), Wayne Grace (Major), Donald Hotton (General Tide), Annie Costner (Christine), Conor Duffy (Willie), Elisa Daniel (Christines Mutter), Percy White Plume (Big Warrior), John Tail (Escort Warrior), Steve Reevis/Sheldon Wolfchild (Siouxkrieger), Wes Studi (Toughest Pawnee), Buffalo Child/Clayton Big Eagle/Richard Leader Charge (Pawnees), Redwing Ted Nez/Marvin Holy (Siouxkrieger), Raymond Newholy (Siouxkurier), David J. Fuller (Sohn von Strampelnder Vogel), Ryan White Bull (ältester Sohn von Strampelnder Vogel), Otakuye Conroy (Tochter von Strampelnder Vogel), Marretta Big Crow (Dorfmutter), Steve Chambers (Wache), William H. Burton (Adjutant des Generals), Bill W. Curry (Kavallerist der Konföderierten), Nick Thompson/Carter Hanner (Konföderierte), Kent Hayes (Kutschenfahrer), Robert Goldman (Unionssoldat), Frank P. Constanza (Tucker), James A. Mitchell (Ray), R.L. Curtin (Fahrer des Überfallwagens)
Laufzeit 180 Minuten (OF/DF)
Uraufführung 19. Oktober 1990
Deutsche Erstaufführung 21. Februar 1991
Verleih Neue Constantin (Kino), VCL (Video)

»Das Genre des Western, längst kaputtklischiert in Kinnhakenknallerei, rothautverachtendem Wagenburg-Heroismus und eitel Colt-Spielchen, feiert in diesem Film mythische Urständ, Amerikas Ureinwohnern zum Ruhm. Die Botschaft des grandiosen Spektakels ist die hochherzigste, um nicht zu sagen: die höchstgemute, welche der weiße Mann dem farbigen (schwarzen, gelben, hier dem roten) entbieten kann: er anerkennt ihn; versteht ihn; achtet ihn; liebt ihn; er sieht ihn endlich in seiner Würde. All diese Haltung lebt die Hauptfigur des Films uns exemplarisch vor, Kevin Costner in der Rolle des tapferen Nordstaaten-Leutnants weit draußen im steppenstillen westland von Dakota, wo Wolf und Sioux sich gute Nacht sagen.«

Ruprecht Skasa-Weiß, Stuttgarter Zeitung

»Costner nutzt die Mittel des Genres, um von einem Rückzug zu erzählen, von Zweifeln, Assimilierung und Grausamkeit; und er zeigt, ebenso ruhig, beobachtend und ohne Eile die Fremden, die im Westen immer nur als feindliches Gegenüber denkbar und häufig als unsichtbare Gegner nicht einmal darstellbar waren, die Indianer.«

Verena Lueken, Frankfurter Allgemeine Zeitung

»Wo es den Western der vergangenen zehn Jahre … vor allem um den Effekt und um die Schlußpointe einer Szene ging, verfolgt Costner den Fluß der Erzählung. Er interessiert sich weniger für das »um zu« als für das »und dann«, wie es für große Western der 50er Jahre typisch war. Auch in den Bildern tastet sich Costner langsam vor. Die unendlichen Bilder des Cinemascope-Formats werden nicht besetzt, sondern behutsam angefüllt. Nicht selten treten die Personen in ein »leeres« Bild, eine freie Ebene. Denn so war der Wilde Westen: erst einmal menschenleer.«

Milan Pavlovic, Kölner Stadt-Anzeiger

»So geschickt und einfühlsam die Neuererlust des Regie-Debütanten bei der Selbstdarstellung der Indianer auch ist, in seinem Drang, inszenatorisch das Mythos-Gehege von aller Makulatur actionwütiger Hollywoodiers zu entsorgen, fehlt Costner offenbar dann doch der Mut, aufs Ganze zu gehen. Wenn sein frontierfreudiger Leutnant eine Squaw kennen- und liebenlernt, entpuppt sie sich dann doch als Weiße, die als Kind von den Sioux aufgenommen wurde. Schwieriger aber wiegt Costners Unterlassung, im Grunde kein bißchen von der sozialpolitischen Bedeutung der Sioux mit eingebracht zu haben. Zwar fädelt er mit kluger Menschenkenntnis den Massenkonflikt und seine Überwindung ein, doch in der Sackgasse des alten Mythos bleibt er dann doch stecken. Denn die wahre Tragödie der Indianer war, daß sie nicht kannten, was die Zivilisation so entscheidend vorantrieb: Besitz, Reichtum, Eigentum.«

Wolfram Knorr, Die Weltwoche

»Dieser Western ist wie eine Sozialkundelektion aus dem New Age: nicht wirklich revisionistisch, nur eine abgemilderte und sensiblere Variante des alten Materials (…) Als Filmemacher sind Costner und Blake Anfänger. Statt uns dabei zu helfen, die Sioux zu verstehen, machen sie die Sioux einfach zu einer freundlicheren Version unserer selbst. Der Film liefert schablonenhafte Sioux-Weisheiten zum Thema Frieden und Zusammenleben: Kämpft nicht miteinander, verhandelt lieber. Jeder Indianer erhält einen oder zwei Charakterzüge, und alle miteinander wirken sie reichlich einfältig. Andererseits ergeht's dem Helden nicht besser. Selbst die Bösewichte sind liebenswert stupid, auf dieselbe Art wie in den Märchen. Es ist nichts Affektiertes an Costners Spiel oder seiner Inszenierung. Man hört seinen entspannten Surfer-Akzent, man sieht seine absichtlich doofen Stürze und eine Menge Nahaufnahmen seiner Stattlichkeit. Dieses Epos ist das Produkt eines faden Größenwahnsinnigen: Die Indianer hätten ihn › Der mit der Kamera spielt ‹ nennen sollen.«

Pauline Kael, The New Yorker

18. Robin Hood: Prince of Thieves
(Robin Hood – König der Diebe)

USA 1991 *Regie* Kevin Reynolds *Produktion* Morgan Creek Productions (John Watson, Pen Densham, Richard B. Lewis) *Ausführende Produzenten* James G. Robinson, David Nicksay, Gary Barber *Co-Produzent* Michael J. Kagan *Produktionsbeteiligung* Mark Stern *Produktionsüberwachung* Malcolm Christopher *Produktionskontrolle* Sheldon M. Katz *Produktionskoordination* Dena Vincent, (2. Team) Gillian Dawes *Aufnahmeleitung* Michael Hartman *Location Managers* Peter Carter, Neil Ravan, Terry Blyther *Überwachung Nachproduktion* Jody Levin *Regie 2. Team* Mark Illsley, (Actionsequenzen) Max J. Kleven *Regieassistenz* David Tringham, Lee Cleary, Peter Heslop, Adam Somner, (2. Team) John Bernard, Nick Heckstall-Smith, Cordelia Hardy, Samantha Kirkeby *Drehbuch* Pen Densham, John Watson *Story* Pen Densham *Kamera* Douglas Milsome (Technicolor) *Kamera 2. Team* Egil Woxholt *Kameraführung* Mike Frift, (2. Team) Mike Brewster, (Video) Richard Patton *Steadicam* John

Ward *Schnitt* Peter Boyle, (zusätzliche Sequenzen) Marcus Manton, Carmel Davies, Peter Hollywood, Michael Kelly *Production Design* John Graysmark *Art Direction* Alan Tomkins (Leitung), Fred Carter, John F. Ralph *Dekor* Peter Young *Storyboards* Bill Stallion *Kostüme* John Bloomfield, Reg Samuels *Garderobe* Catherine Halloran (Leitung), Ginny Luthwood *Make-up* Paul Engelen (Leitung), Linda Armstrong, (2. Team) Christine Allsopp *Matte-Effekte* Optical Film Effects *Spezialeffekte* John Evans (Leitung), Peter Dawson (Senior), Barry Whitrod, Ron Burton, Raymond Lovell, Robert Nugent, Digby Milner, Andrew Smith, Kevin Draycott, Stephen Hamilton, Philip Clark, Peter Pickering *Modelle* John Blakely *Musik/Musikalische Leitung* Michael Kamen *Musikberatung* Jeff Pollack *Musikschnitt* Christopher Brooks, Eric Reasoner *Songs* »(Everything I Do) I Do It for You« von Michael Kamen, Bryan Adams und R.J. Lange, gesungen von Bryan Adams; »Wild Times« von Michael Kamen und Jeff Lynne, gespielt von Jeff Lynne *Tonschnitt* Robert Grieve *Dialogschnitt* Allen Hartz, Frank Smathers, Jim Matheny, Dave Arnold, Wayne Griffin *ADR-Leitung* Beth Bergeron *ADR-Schnitt* Joe Mayer, Robert Heffernan, Paul Huntsman, Jessica Gallavan, Jane Carpenter-Wilson, Lily Diamond, Kimberley Harris-Rivolier *Foley-Schnitt* John Murray, Michael Dressel, Jonathan Klein, Sukey Fontelieu *Tonaufnahme* Chris Munro, (2. Team) David Allen, Mike Harris, (Musik) Stephen McLaughlin, (Orchester) Bobby Fernandez *ADR-Aufnahme* Jeff Courtie (Dolby Stereo) *Tonüberspielung* Chris Jenkins, D.M. Hemphill, Mark Smith, Paul Massey *Toneffektschnitt* J.H. Arrufat, Stu Bernstein, Simon Coke, Steve Mann, John Haeney *Foley* Dan O'Connell, Alicia Stevenson, John Roesch, Ellen Heuer *Beratung* Stuart Baird, KEVIN COSTNER *Stuntkoordination* Paul Weston *Stunts* Brian Bowes, Ken Barker, Del Baker, Peter Brace, Helen Caldwell, Stuart Clark, Abbi Collins, Simon Crane, Tim Crondon, Grahame Crowther, Dave Cronnelly, Clive Curtis, Perry Davey, Tom Delmar, Sadie Eddon, Terry Forrestal, Dorothy Ford, Elaine Ford, Nick Gillard, Reg Harding, Nick Hobbs, Dave Holland, Paul Heasman, Mark Henson, Frank Henson, Billy Horrigan, Sy Holland, Arthur Howell, Paul Jennings, Vincent Keane, Ginger Keane, Phil Lonergan, Tom Lucy, Sean McCabe, Bronco McLoughlin, Glen Marks, Tina Maskell, Chrissy Monk, Val Musetti, Lex Milloy, Gerard Naprous, Mark Newman, Stuart St. Paul, Mike Potter, Dinny Powell,

*Er kämpfte
für Recht
und Freiheit*

*und um
die Liebe
einer Frau.*

*Ein Mann –
eine Legende.*

KEVIN
COSTNER

—IST—

ROBIN
HOOD

KÖNIG DER DIEBE

Eddie Powell, Nick Powell, Terry Richards, Billy Reilly jr., Doug Robinson, Denise Ryan, Roy Street, Tip Tipping, Rocky Taylor, Bill Weston, Derek Ware, Steve Whyment, Nick Wilkinson, Rob Woodruff *Schwertmeister* Terry Walsh *Pferde* Tony Smart - *Titel/Opticals* Pacific Title

Darsteller KEVIN COSTNER (Robin of Locksley), Morgan Freeman (Azeem), Mary Elizabeth Mastrantonio (Marian), Christian Slater (Will Scarlett), Alan Rickman (Sheriff von Nottingham), Sean Connery (König Richard), Geraldine McEwan (Mortianna), Michael McShane (Bruder Tuck), Brian Blessed (Lord Locksley), Michael Wincott (Guy of Gisborne), Nick Brimble (Little John), Soo Drouet (Fanny), Daniel Newman (Wulf), Daniel Peacock (Bull), Walter Sparrow (Duncan), Harold Innocent (Bischof), Jack Wild (Much), Michael Goldie (Kenneth), Liam Halligan (Peter Dubois), Marc Zuber (türkischer Kerkermeister), Merelina Kendall (alte Frau), Imogen Bain (Sarah), Jimmy Gardner (Farmer), Bobby Parr (Dorfbewohner), John Francis (Kurier), John Hallam (rothaariger Baron), Douglas Blackwell (graubärtiger Baron), Pat Roach (keltischer Häuptling), Andy Hockley (Ox), John Dallimore (Broth), Derek Deadman (Kneelock), Howard Lew Lewis (Hal), John Tordoff (Schreiber), Andrew Landen (Sergeant), Susannah Corbett (Frau in Kutsche), Sarah Alexandra (kleines Mädchen), Christopher Adamson (Soldat), Richard Strange (Scharfrichter)

Laufzeit 143 Minuten (OF/DF)
Uraufführung 13. Juni 1991
Deutsche Erstaufführung 5. September 1991
Verleih Concorde (Kino/Video)

»In Costners Fall ist die fade Ausdrucksweise ein Symbol für seine Fehlbesetzung. Die Figur des Robin Hood fordert emotionelle Ausgelassenheit – nicht gerade Costners Stärke. Statt zu explodieren, rollt er sich zusammen; er ist ein Reaktio-Schauspieler, das Publikum sieht ihm gern beim Nachdenken zu. In *Field of Dreams* und *Dances with Wolves* spielte er sehr glaubhaft einen Zyniker, der schließlich etwas findet, woran er glauben kann. Doch Nottinghamshire ist kein Ort für California Dreamin'. Oder für einen gelangweilten Gesichtsausdruck. Costners Spiel fehlt es an Leidenschaft und Vergnügen. Es ist die pflichtbewußte Erfüllung eines langweiligen Vertrags.« *Richard Corliss, Time*

»Der Sympathiebolzen des Jahres fährt als Robin Hood ... leichte Ernte ein. In die Feinheiten der Regiekunst allerdings ist sein Freund Reynolds dabei nicht vorgedrungen. Ohne Eleganz bolzt er sich durch die Geschichte. Ohne Bravour liefert er jenes teure Zutaten-Kino, das mangels Phantasie mit Schauwerten protzt. Ohne Entschiedenheit, wie ernst oder unernst er den Guerilla-Häuptling nehmen will, der den Sherwood Forest zum Abenteuerspielplatz macht, schnitzt er aus ihm einen Hotzenplotz für Greenpeace-Freunde.«

Der Spiegel

»Die Art, in der Reynolds' Kamera luftig über atemberaubend leere Landschaften rast, verstärkt nur noch den Eindruck, daß es sich hier vielleicht doch nicht um das England des 12. Jahrhunderts oder zumindest um ein England aus der Perspektive eines krassen Außenseiters handelt. Hierin ähnelt das Ganze Costners eigenem Stil in *Dances with Wolves*: Auch *Robin Hood* gerät zur Geschichte eines sich selbst entfremdeten Mannes, der sich in der Wildnis wiederfindet (...) Sicher, bei diesem Prozeß merkt Robin auch, daß etwas faul im Staate ist. Doch dieses Böse ist recht lose definiert, einzig und allein repräsentiert durch den Sheriff von Nottingham. Jener wird zunächst als allmächtiger Zauberer dargestellt, bevor er schließlich auf den Camp-Level eines *Blackadder* abrutscht. Den Film in eine derartige Alberei zu verwandeln, stellte vermutlich eine Art Rückversicherung dar. Zugleich deutet diese Vorgehensweise aber auch eine gewisse Unfähigkeit an, sich ein glaubhafteres Böses vorzustellen.«

Richard Combs, Sight & Sound

II. Fernsehen

1. Amazing Stories: The Mission (Unglaubliche Geschichten)

USA 1985 *Regie* Steven Spielberg *Produktion* Amblin Entertainment/Universal Television (David Vogel) *Ausführender Produzent* Steven Spielberg *Produktionsüberwachung* Joshua Brand, John Falsey *Beteiligter Produzent* Steve Starkey *Aufnahmeleitung* Joan Bradshaw *Regieassistenz* David L. Beanes, Jerry Ketcham *Drehbuch* Menno Meyjes *Story* Steven Spielberg *Kamera* John McPherson (Technicolor) *Schnitt* Steven Kemper *Production Design* Steven Kemper *Art Direction* Richard B. Lewis

Dekor Richard B. Goddard *Kostüme* Jane Ruhm, Joseph Roveto *Visuelle Spezialeffekte* Dream Quest Images *Musik* John Williams *Tonschnitt* John Stacy *Tonaufnahme* Michael Moore (Dolby Stereo) *Toneffektschnitt* Richard Anderson *Titeldesign* Jim Bissell, Ron Cobb

Darsteller KEVIN COSTNER (Captain Spark), Casey Siemaszko (Jonathan), Kiefer Sutherland (Static), Jeffrey Jay Cohen (Jake), John Philbin (Bullseye), Gary Mauro (Sam), Glen Mauro (Dave), Terry Beaver (Offizier), David Grant Hayward/Anthony LaPaglia (Mechaniker), Peter Jason (Commander), Karen Kopins (Liz), Gary Riley (Tail Gunner), Ken Stovitz (Lamar), Nelson Welch (Pater McKay)

Laufzeit 60 Minuten (OF, einschl. Werbung)

Erstausstrahlung 3. November 1985 (NBC)

Deutsche Erstaufführung 25. Juni 1987 (110 Minuten, Zusammenschnitt dreier Episoden)

Verleih UIP (Kino), CIC (Video)

Anmerkung Die anderen beiden Teile des in Deutschland in die Kinos gelangten Zusammenschnitts wurden von William Dear (»Mummy Daddy«) und Robert Zemeckis (»Go to the Head of the Class«) inszeniert.

III. In Planung

1. JFK (JFK)

USA 1991 *Regie* Oliver Stone *Produktion* Camelot Productions. Für Warner Bros. (A. Kitman Ho, Oliver Stone) *Ausführender Produzent* Arnon Milchan *Co-Produzent* Clayton Townsend *Produktionskoordination* Leeann Stonebreaker *Aufnahmeleitung* Clayton Townsend *Regieassistenz* Joseph Reidy *Drehbuch* Oliver Stone, Zachary Sklar (nach den Büchern »On the Trail of the Assassins« von Jim Garrison und »Crossfire« von Jim Marrs) *Kamera* Robert Richardson *Schnitt* Joe Hutshing, Pietro Scalia, Hank Corwin *Production Design* Victor Kempster *Art Direction* Derek R. Hill, Alan R. Tomkins *Dekor* Crispian Sallis *Kostüme* Marlene Stewart *Ton* Tod A. Maitland

Darsteller KEVIN COSTNER (Jim Garrison), Gary Oldman (Lee Harvey Oswald), Tommy Lee Jones (Clay Shaw), Sissy Spacek (Liz Garrison), Steve Reed (John F. Kennedy), Jodi Farber (Jac-

queline Kennedy), Randi Means (John Connally), Columbia Du-
Bose (Nellie Connally), Ray LaPere (Abraham Zapruder), Kevin
Bacon, Joe Pesci, Michael Rooker, Jay O. Sanders, Numa Bertall,
Laurie Metcalf, Gary Grubbs, Brian Doyle Murray, Beata Pozni-
ak, Angela Lansbury, Jack Lemmon, Walter Matthau, John Can-
dy, Sally Kirkland, John Larroquette, Donald Sutherland, Ed
Asner, Jim Garrison
Abgedreht, deutscher Kinostart vorgesehen für 27. Januar 1992.
Zwei Jahrzehnte nach dem Attentat auf Kennedy nimmt der
damalige Staatsanwalt Jim Garrison den Fall neu auf.

2. China Moon

USA 1992 *Regie* John Bailey *Produktion* Tig Productions (Barrie
M. Osborne) *Ausführende Produzenten* KEVIN COSTNER, Jim
Wilson *Produktionskoordination* Cyndy Streit *Aufnahmeleitung*
Paul Moen *Regieassistenz* Eric Jewett, Peter Cuttiner *Drehbuch*
Roy Carlson *Kamera* Willy Kurant *Kameraführung* Don Reddy
Schnitt Carol Littleton, Jill Savitt *Production Design* Conrad E.
Angone *Art Direction* Robert Henderson *Dekor* Don Ivey *Kostü-
me* Elizabeth McBride *Make-up* Carl Fullerton *Spezialeffekte*
Larry Cavanaugh *Tonaufnahme* Jim Webb
Darsteller Ed Harris (Kyle Bodine), Madeleine Stowe (Rachel
Monroe), Benicio del Toro (LaMar Dickie), Charles Dance
Abgedreht, amerikanischer Kinostart geplant für 1992. Ein Cop
im Morddezernat argwöhnt, daß er als Komplize bei der Ermor-
dung eines reichen Ehemanns mißbraucht werden soll.

3. The Bodyguard

USA 1992 *Regie* Mick Jackson *Produktion* Tig Productions/Kas-
dan Pictures (Lawrence Kasdan, Jim Wilson, KEVIN COSTNER)
Produktionskoordination Sara Spring *Aufnahmeleitung* Helen
Pollak *Location Manager* Steph Benseman *Regieassistenz* Albert
Shapiro *Drehbuch/Story* Lawrence Kasdan *Kamera* Andrew
Dunn *Schnitt* Richard A. Harris *Production Design* Jeffrey Bee-
croft *Art Direction* William Skinner *Dekor* Lisa Dean *Kostüme*
Susan Ninenger
Darsteller KEVIN COSTNER, Whitney Houston
In Pre-Production. Eine bekannte Sängerin und Schauspielerin
heuert einen ehemaligen Geheimagenten als Leibwache an, um
sich vor den Nachstellungen eines verrückten Fans zu schützen.

4. Mick

USA 1992 *Produktion* Tig Productions/Orion Pictures (Jim Wilson) *Ausführende Produzenten* KEVIN COSTNER, Tom Johnston *Drehbuch* Michael Blake (nach einem Originaldrehbuch von Eoghan Harris und Robert Dillon)
Darsteller KEVIN COSTNER (Michael Collins)
In Planung. Ein Drama aus den Zwanzigern über den irischen Revolutionär Michael Collins. Sollte zunächst von Nelson Entertainment unter der Regie von Michael Cimino realisiert werden.

5. American Sportsman

USA 1992 *Produktion* Tig Productions/Orion Pictures (John Norville) *Ausführender Produzent* Gary Foster *Drehbuch* John Norville
Darsteller KEVIN COSTNER
In Planung. Zwei Vettern, die sich seit zwanzig Jahren nicht gesehen haben, gehen zusammen auf einen Abenteuerurlaub in die Wildnis.

IV. Im Schneideraum verschollen

1. Frances (Frances)

USA 1982 *Regie* Graeme Clifford *Produktion* EMI/Brooksfilms (Jonathan Sanger) *Drehbuch* Eric Bergren, Christopher de Vore, Nicholas Kazan *Kamera* Laszlo Kovacs (Technicolor) *Schnitt* John Wright *Production Design* Richard Sylbert *Musik* John Barry *Ton* David Ronne
Darsteller Jessica Lange, Kim Stanley, Sam Shepard, Bart Burns, Jeffrey DeMunn, Jordan Charney, Lane Smith, Allan Rich

2. The Big Chill (Der große Frust)

USA 1983 *Regie* Lawrence Kasdan *Produktion* Carson Productions Group/Columbia-Delphi (Michael Shamberg) *Drehbuch* Lawrence Kasdan, Barbara Benedek *Kamera* John Bailey (Metrocolor) *Schnitt* Carol Littleton *Production Design* Ida Random *Ton* Gene S. Cantamessa
Darsteller Tom Berenger, Glenn Close, Jeff Goldblum, William Hurt, Kevin Kline, Mary Kay Place, Meg Tilly, JoBeth Williams, Don Galloway

Anmerkungen

Der Retro-Star

[1] John Powers: The Lonely Crowd. In *Sight & Sound*, Vol. 1, No. 4, August 1991

Kindheit und Jugend

[1] Gentlemen's Quarterly, Vol. 61, No. 7, Juli 1991 (Gesprächspartner: Stephanie Mansfield)
[2] Ladies Home Journal, Vol. 108, No. 4, April 1991 (Gesprächspartner: Sally Ogle   Davis)
[3] The New York Times Magazine vom 23. April 1989 (Gesprächspartner: Peter Rainer)
[4] Chicago Tribune vom 30. August 1987 (Gesprächspartner: Iain Blair)
[5] Rolling Stone, No. 530 vom 14. Juli 1988 (Gesprächspartner: Bruce Shlain)
[6] *People Weekly*, Vol. 34, No. 20 vom 19. November 1990 (Gesprächspartner: Marjorie Rosen)
[7] *The New York Times Magazine*, a.a.O.
[8] *Rolling Stone*, No. 592 vom 29. November 1990 (Gesprächspartner: Fred Schruers)
[9] ibd.
[10] ibd.
[11] *Chicago Tribune*, a.a.O.
[12] ibd.

Der Herrscher des Schneideraums

[1] Gentleman's Quarterly, a.a.O.
[2] Rolling Stone, 29. November 1990, a.a.O.
[3] ibd.

Vergeblicher Anlauf

[1] Interview, Vol. 17, Juni 1987 (Gesprächspartner: Dan Yakir)
[2] ibd.

Spiel um die Macht

[1] *Interview*, a.a.O.
[2] ibd.
[3] ibd.
[4] ibd.
[5] ibd.

Durchbruch zur amerikanischen Seele

[1] *Rolling Stone*, 14. Juli 1988
[2] ibd.
[3] Premiere, Vol. 4, No. 2, Oktober 1990 (Gesprächspartner: Fred Schruers)
[4] Time, Vol. 133. No. 26 vom 26. Juni 1989 (Gesprächspartner: Richard Corliss)
[5] Premiere, Oktober 1990, a.a.O.

Tanz mit den Wölfen

[1] Rolling Stone, 29. November 1990, a.a.O.
[2] ibd.
[3] ibd.
[4] ibd.

Ausverkauf im Sherwood Forest

[1] Premiere, Oktober 1990, a.a.O.
[2] ibd.
[3] *Premiere*, Vol. 4, No. 10, Juni 1991 (Gesprächspartner: Nancy Griffin)

Literaturhinweise

I. Bücher

Berndt Schulz: Kevin Costner. Rastatt 1991
Nick Young: Kevin Costner. Der letzte amerikanische Held. Bergisch Glad-
  bach 1991

II. Zeitschriften

Richard Corliss: Pursuing the Dream. Sexy, straight-on and ambitious, Kevin
  Costner is a grownup hero with brains. In *Time*, Vol. 133, No. 26 vom 26.
  Juni 1989
Sally Ogle Davis: Kevin Costner. Myth or Man? In *Ladies Home Journal*,
  Vol. 108, No. 4, April 1991
Nancy Griffin: A Star Is Torn. In *Premiere*, Vol. 4, No. 10, Juni 1991
Stephanie Mansfield: Into the Woods. In *Gentlemen's Quarterly*, Vol. 61, No.
  7, Juli 1991
John H. Richardson: Rockin' Robin. In *Premiere*, Vol. 4, No. 11, Juli 1991
Marjorie Rosen: Pack Leader. In *People Weekly*, Vol. 34, No. 20 vom 19.
  November 1990
Fred Schruers: Dancing with the Wolves. In *Premiere*, Vol. 4, No. 2, Oktober
  1990
Fred Schruers: Kevin Costner. In *Rolling Stone*, Nr. 592 vom 29. November
  1990
Bruce Shlain: Power Hitter. In *Rolling Stone*, Nr. 530 vom 14. Juli 1988
Dan Yakir: Kevin Costner. In *Interview*, Vol. 17, Juni 1987
o.A.: Kevin Costner. In *Current Biography*, Vol. 51, No. 6, Juni 1990

Register

A

A View from the Bridge 23
The Adventures of Robin Hood
    (Robin Hood – König der
    Vagabunden) 114
Allen, Woody 84
Amazing Stories: The Mission
    (Unglaubliche Geschichten)
    52, 58f, 159f
American Flyers (Die Sieger –
    American Flyers) 8, 45, 54ff,
    58, 132ff
American Sportsman
    (in Planung) 162
Annies Männer (Bull Durham)
    8, 78f, 81–85, 101, 142–145

B

Badham, John 8, 38, 45
The Beast (Bestie Krieg) 86
Ben Hur 16
Bertolucci, Bernardo 106
Bestie Krieg (The Beast) 86
The Big Chill (Der große Frust)
    38, 42, 45, 162
The Big Clock (Spiel mit dem
    Tod) 62
Blake, Michael 40f, 94, 98, 101f
The Bodyguard (in Planung) 161
Brander, Richard 26, 29
Bull Durham (Annies Männer)
    8, 78f, 81–85, 101, 142–145

C

Chasing Dreams (Chasing
    Dreams – Träume sind wie
    Staub im Wind) 32, 122f
China Moon (in Planung) 161
Ciminos, Michael 102
Clark, W. 21f

Clifford, Graeme 33
Connery, Sean 9, 64, 66, 68f
Cooper, Gary 10, 64
Coppola, Francis 33
Costner, Bill (Vater) 15
Costner, Cindy (Ehefrau) 23f
Costner, Dan (Bruder) 15, 20,
    105
Creek, Morgan 111f, 114, 117ff
Curtiz, Michael 114

D

Dances with Wolves (Der mit
    dem Wolf tanzt) 8, 10f, 14, 41,
    97–109, 111, 116, 150–155
Das war der Wilde Westen (How
    the West Was Won) 18ff, 45
Dean, James 48
Densham, Pen 116
Der mit dem Wolf tanzt (Dances
    with Wolves) 8, 10f, 14, 41,
    97–109, 111, 116, 150–155
Donaldson, Roger 8, 62
Douglas, Kirk 23
Drago, Billy 71

E

Eastwood, Clint 46
Ein Tisch für fünf (Table for
    Five) 36, 124f
Einer mit Herz (One from the
    Heart) 33
Eisenstein, Sergej 69

F

Fandango 8, 27, 40, 44, 46–50,
    87, 112, 128ff
Farmer, Frances 33
Field of Dreams (Feld der
    Träume) 8, 42, 78, 86ff, 90–93,
    145ff
Flashdance 35
Frances 42, 162

Freeman, Morgan 115, 118
Friday the 13th (Freitag, der 13.) 31

G

Garcia, Andy 64, 69
Glenn, Scott 51, 54
Glover, Danny 51
Grant, David 54, 56
Der große Frust (The Big Chill) 38, 42, 45, 162
The Gunrunner 35, 41f, 127f

H

Hackman, Gene 72. 74
Harrison, Jimm 87
Heards, Howard 31
Heaven's Gate 102
Hoffman, Gaby 91
How the West Was Won (Das war der Wilde Westen) 18ff, 45
Howard, Ron 34
Hughes, John 42
Hunt, Linda 51

I

In Bed with Madonna auch *Truth or Dare* 8
Irvin, John 113

J

Jagged Edge (Das Messer) 45
Jefferson, Thomas 21
JFK (in Planung) 160
Johnson, Don 46, 75
Jones, James Earl 90f

K

Kasdan, Lawrence 8, 38, 45f, 49, 51
Keaton, Michael 34
Keshishian, Alek 8
Kline, Kevin 51

L

Lancaster, Burt 91
Lange, Jessica 33
The Last Emperor (Der letzte Kaiser) 106
Lewis, M. 21f
Linson, Art 62f
Lyne, Adrian 35f

M

Madonna 8
Malibu Summer 26
Mamet, David 62, 65, 69
Mastrantonio, Mary Elizabeth 116, 120
McDonnell, Mary 103, 105
McTiernan, John 111, 113
Das Messer (Jagged Edge) 45
Mick (in Planung) 162
Miller, Arthur 23
Millian, Andra 39
The Mission 52, 59f
Mornay, Rebecca de 37

N

Nicholson, Jack 84
Night Shift (Night Shift – Das Leichenhaus flippt völlig aus) 34, 123f
Niro, Robert de 9, 63, 67
No Way Out (No Way Out – Es gibt kein Zurück) 8, 62f, 72f, 76, 79f, 101, 138–142

O

Odetsw, Clifford 23
One from the Heart (Einer mit Herz) 33
Ovith, Michael 88

P

Palma, Brian de 8, 67f, 70
Panzerkrezuer Potemkin 69

Patton, Will 72, 74
Perkins, Tony 79
Platoon 46

Q

Quaid, Dennis 49

R

Revenge 28, 87, 94f, 148ff
Reynolds, Kevin 8, 44, 46, 49,
  86, 112, 114, 116, 118
Rickman, Alan 116
Robbins, Tim 82
*Robin Hood – König der Vaga-
  bunden* (The Adventures of
  Robin Hood) 114
Robin Hood: Prince of Thieves
  (Robin Hood – König der
  Diebe) 10f, 110f, 113, 115,
  117–120,
  155–159
Robinson, James G. 116
Robinson, Phil Alden 8, 89
Rourke, Mickey 19
Rumpelstilzchen 22

S

Sarandon, Susan 80f
Schwarzenegger, Arnold 10
Scott, Tony 93f
Serling, Rod 59
Shadows Run Black 31f, 121f
Shelton, Ron 8, 79, 82, 85
Die Sieger – American Flyers
  (American Flyers) 8, 45, 54ff,
  58, 132ff
Silverado 8, 45f, 50, 52, 54, 98,
  130ff
Sizzle Beach, USA 27, 121
Smith, Charles Martin 64, 69
Soldier Blue (Das Wiegenlied
  vom Todschlag) 109
Spiel mit dem Tod (The Big
  Clock) 62

Spielberg, Steven 38, 44, 58ff
Stacy's Knights (Gewagtes Spiel)
  39–42, 126f
Stallone, Sylvester 10
Steinbeck, John 15
Stewart, James 10, 18, 63
Stone, Oliver 46, 120
Sturges, Preston 81
Sutherland, Donald 108

T

Table for Five (Ein Tisch für
  fünf) 36, 124f
Tesich, Steve 45
Testament (Das letzte Testa-
  ment) 36f, 125f
Truth or Dare auch *In Bed with
  Madonna* 8

U

Unglaubliche Geschichten
  (Amazing Stories: The Mission) 52, 58f, 159f
The Untouchables (The Untouchables – Die Unbestechlichen) 20, 64–68, 70, 79,
  134–138

V/W

Voight, Jon 36
Waiting for Lefty 23
Walsh, Terry 115
War Games (War Games –
  Kriegsspiele) 38
Watson, John 116
Weston, Paul 115
Das Wiegenlied vom Todschlag
  (Soldier Blue) 109
Wilson, Jim 102
Winkler, Henry 34

Y

Young, Sean 62f, 72, 75